PHILOSOPHIE FÜR
ALLE, DIE NOCH
ETWAS VORHABEN

WOLFRAM EILENBERGER

PHILOSOPHIE FÜR ALLE, DIE NOCH ETWAS VORHABEN

BERLIN VERLAG

2. Auflage 2005

Umschlaggestaltung:
Nina Rothfos und Patrick Gabler, Hamburg
Typografie: Birgit Thiel, Berlin Verlag
Gesetzt aus der Haarlemmer durch psb, Berlin
Druck & Bindung: Ebner & Spiegel, Ulm
Printed in Germany 2005
ISBN 3-8270-0581-7

Merke Er sich, Freund Sancho, dass dies keine Abenteuer sind, bei denen man goldene Inseln gewinnt, sondern solche, die zu nichts anderem führen als einem zerbrochenen Schädel!

Don Quijote

Inhalt

Was im Moment vor Ihnen liegt

Diesem Buch geht es um die *Erfahrung des Philosophierens.* Es nimmt an, diese Erfahrung stehe jedem denkbegabten Menschen offen. Jeder einzelne der vorliegenden 25 Texte zielt deshalb darauf, diese Erfahrung zu erzeugen – oder zumindest eine erste Ahnung von den besonderen Reizen des Philosophierens zu vermitteln. In etwa so, wie ein Lied im Radio angespielt wird. Was Sie mit diesen Erfahrungen dann anstellen, ob Sie die Melodie morgens unter der Dusche pfeifen, sich die Platte besorgen oder sogar selbst eine eigene Kapelle gründen, liegt ganz bei Ihnen. Bei wem auch sonst?

Zur Erzeugung (womöglich erster) philosophischer Erfahrungen wird in diesem Buch von alltäglichen Situationen ausgegangen. Situationen, mit denen jeder Mensch, wie man so sagt, »etwas anfangen kann«. Für diesen *Ausgang vom Alltag* gibt es gute Gründe. Zum einen stellt er an Sie als Leser/in keine besonderen Voraussetzungen – außer der, überhaupt am Leben zu sein. Zum anderen steht die Erfahrung des Alltäglichen in einer sehr engen Verbindung zur Erfahrung des Philosophierens. Gute Philosophie vermag vieles und höchst Unterschiedliches. In jedem einzelnen Fall aber wohnt ihr die Kraft inne, *Bekanntes und Selbstverständliches auf neue Weise sichtbar werden* zu lassen. Philosophische Erfahrungen wecken den Sinn für die Komplexität unserer Wirklichkeit und erhalten diesen Sinn am Leben.

Ein Leben, das sich zumutet, alltäglichste Annahmen und Sicherheiten solchen Erfahrungen auszusetzen, schafft sich Probleme und Zweifel. Probleme und Zweifel gerade dort, wo sie sonst kaum einer sieht und vermutet. Es ist deshalb eine berechtigte und zu Anfang besonders gern gestellte Frage, weshalb ein Mensch diese Erfahrung überhaupt aufsuchen sollte. Noch direkter formuliert: Was bringt es mir zu philosophieren? Welchen Gewinn verspricht es mir und meinem Leben?

Eine erste Erwiderung darauf lautet: Wer die Erfahrung des Philosophierens schon einmal selbst gemacht hat, stellt diese Frage nicht mehr. Die philosophische Erfahrung spricht für sich. Sie ist ihr eigener Schatz und Preis. Sie ist, mit anderen Worten, eine schöne, in sich genussvolle Erfahrung.

Das ist aber nicht alles, was zu Gunsten des Philosophierens vorgebracht werden kann. Es gibt durchaus einen Sinn, in dem sich behaupten lässt, Philosophieren besitze einen *konkret lebenspraktischen Nutzen.* Schließlich besteht ein enger Zusammenhang zwischen der Fähigkeit, eine Situation in unterschiedlicher Weise beschreiben, bewerten und auffassen zu können, und der Fähigkeit, diese Situation für sich nach eigenen Wünschen und Zielen *aktiv zu gestalten.* Eine anderes Wort für diese grundmenschliche Fähigkeit, sich innerhalb einer Situation für eine Handlungsmöglichkeit unter anderen zu entscheiden, heißt Freiheit. Und diese *Freiheit lässt sich steigern,* nicht zuletzt durch die Kunst zur philosophisch geschulten Neubeschreibung des eigenen Lebensprozesses.

Man sollte diese Qualität allerdings nicht zu der These zuspitzen, Philosophieren führe notwendig in ein gutes, gelungenes oder gar glückliches Leben. Das stimmt so einfach nicht. Für den Anfang genügt es zu behaupten, Philosophieren mache das eigene Leben interessanter. Denn das ist ein Anspruch, der sich – wie dieses Buch hoffentlich zeigt – recht zügig einholen und erfüllen lässt.

Die folgenden Texte bilden kein chronologisch geordnetes Ganzes und erzählen auch keine in sich zusammenhängende Geschichte. Als Leser/in können Sie in dieses Buch also überall ein- und auch wieder aussteigen. Dennoch sind diese Texte in sehr vielfältiger Weise aufeinander bezogen.

Sofern Sie dieses Buch lesen und so von einer Situation zur nächsten übergehen, werden Ihnen in diesem Leseprozess sowohl thematische Ähnlichkeiten als auch offene Widersprüche auffallen. Es wird sich für Sie die Herausforderung ergeben, die verschiedenen Gedankengänge und damit auch die darin erzeugten Erfahrungen miteinander in Verbindung zu setzen und auf ihre Vereinbarkeit hin zu überprüfen.

Weshalb ich mir sicher bin, dass es in diesem Buch solch ein Netz zu erschließender Querverbindungen gibt? Das liegt an der Philosophie und ihrer 2500 Jahre währenden Geschichte. Es ist nämlich so: Ich habe mir zwar jedes einzelne dieser 25 gedanklichen Alltagsabenteuer ausgedacht, nicht aber die philosophischen Fragen, Zweifel und Paradoxien, die zu den Texten Anlass gaben. Vielmehr beruht jeder einzelne dieser Texte – mehr und minder explizit – auf einem einschlägigen, meist sogar als klassisch zu bezeichnenden Philosophem, mit dem sich jeweils auch ein dementsprechend bekannter philosophischer Denker verbinden lässt (worüber Sie am Ende jeder Geschichte ein kurzer Text ins Vernehmen setzt und die entsprechenden Inspirationsquellen nennt).

Es wäre vor diesem Hintergrund mehr als verwunderlich, um nicht zu sagen ein philosophischer Skandal, sollten zwischen diesen Geschichten keinerlei wechselseitige Beziehungen bestehen. Das hieße nämlich, jeder einzelne philosophische Gedanke und jeder einzelne philosophische Denker stünden nur für sich und wären nur aus sich selbst heraus zu verstehen. Und das stimmt definitiv nicht. Diese These wäre in etwa so unsinnig wie die Behauptung, jede einzelne Situation ihres Lebensalltags stünde nur für sich und sei in ihrer Bedeutung nur aus sich selbst heraus zu begreifen.

Die Dinge hängen miteinander zusammen, sind aufeinander bezogen, bringen einander hervor und nehmen sich manchmal sogar vorweg – auch wenn nicht immer leicht zu sagen ist, wie sie das tun. Das gilt für Ihr Leben wie für die Philosophie.

Die Fähigkeit, solche Bezüge herzustellen und damit einen *Blick für ein vielfältiges und mitunter in sich widersprüchliches Ganzes* zu gewinnen, hat sehr viel mit der Fähigkeit zu tun, *Sinn zu stiften*. Auch das gilt für das Leben wie für das Philosophieren, gilt für den Lebenssinn wie den philosophischen Sinn. Vielleicht heißt es wirklich nicht umsonst, diese beiden Sinne hätten viel miteinander zu tun. In jedem Fall fällt die Aufgabe der einenden Sinnstiftung in diesem Buch Ihnen und nur Ihnen zu. Diese Zumutung hängt eng mit der Erfahrung des Philosophierens zusammen. Am Ende muss sie nämlich jeder für sich machen und in sein eigenes Leben integrieren.

Das bringt mich auf den letzten Punkt, der mir zur Vorbereitung am Herzen liegt: die Verwendung der Wörtchen »Ich« und »Sie« in diesem Buch. Das »Ich«, dessen Erlebnisse und Gedankengänge hier vorgestellt werden, steht zu dem Autor dieser Zeilen in einer flexiblen Beziehung. Manchmal stehen wir einander sehr nahe, in anderen Geschichten ist die Distanz beträchtlich. In jedem einzelnen Fall aber handelt es sich bei diesem »Ich« um einen Menschen, von dem ich mir vorstellen kann, eines Tages selbst in seine Situation zu geraten. Die gleiche lebensnahe Flexibilität gilt auch für das »Sie«. Wenn »Ich« »Sie« in diesen Geschichten also direkt anspreche und in dieser Ansprache manchmal sogar vorgebe zu wissen, was »Sie« gerade denken, nehmen Sie das bitte nicht zu persönlich. Diese Ansprache ist eine Fiktion. Sie steht im Dienst, eine Erfahrung anzuregen, von der ich mir erhoffe, dass sie Ihnen Freude bereitet, dass sie Ihr Interesse findet und Ihnen vielleicht sogar – in der ein oder anderen überraschenden Weise – bei der Bereicherung dessen hilft, was im Moment noch vor Ihnen liegt. Also Ihrem Leben.

Ein Spiel für Sie?

... Gute Frage. Sie gleicht einem Spiel, würde ich sagen. Ziel dieses Spiels ist das Leben. Eine Möglichkeit, dieses Spiel zu beginnen, besteht zum Beispiel darin, ein Familienfoto auszuwählen und es zu betrachten. Ich bin ganz sicher, auch Sie besitzen ein Album, in dem Sie solche Bilder aufbewahren. Eines wie dieses.

Philosophie beginnt nun damit, sich von jedem Familienmitglied auf dem Foto das jeweilige Lieblingsspiel in Erinnerung zu rufen. Sehen Sie, hier, mein Vater, rechts auf dem Foto, der spielt am liebsten Toto-Lotto, meine Schwester Basketball, ihr Mann Tennis, mein kleiner Neffe Gerald spielt am liebsten »Stau« mit seinen Autos, seine Schwester Julia »Wer hat Angst vorm schwarzen Mann«, meine Mutter spielt am liebsten Patience, Tante Elisabeth und ihr Mann Viktor lieben Schach, Busenfreundin Christel Charade. Doktor Paul, der Hund der Familie, spielt am liebsten mit abgewetzten Tennisbällen. Bleibt noch Onkel Bernd, dort im Hintergrund, von dem ich nicht weiß, ob es überhaupt noch etwas gibt, was er gerne tut. Immerhin hat er mir in einer dunklen Stunde einmal erzählt, er fahre ab und zu mit geschlossenen Augen auf der Autobahn und zähle dabei bis 30.

Toto-Lotto, Basketball, Tennis, Schach, Charade, Stau, Patience, Tennisbälle zerfetzen, das sind Lieblingsspiele in meiner Familie.

Wie, Sie finden, »mit geschlossenen Augen auf der Autobahn fahren und dabei bis 30 zählen« ist kein Spiel, sondern unverantwortlicher, lebensgefährlicher Unsinn?

Ich gebe Ihnen vollkommen Recht. Allerdings gibt es auch andere lebensgefährliche Aktivitäten, die als Spiel bezeichnet werden. Man sagt das ja sogar manchmal, »er oder sie spielt mit dem Leben«. Und ein bisschen Nervenkitzel, Spannung und Risiko gehören doch zu jedem Spiel, meinen Sie nicht?

Worin wohl das Risiko liegt, Tennisbälle zu zerfetzen?

Weiß ich jetzt auch nicht. Sie kommen mir fast schon vor wie mein Onkel Bernd. Der stellt auch immer solche Fragen: »›Spiel‹, was heißt denn das eigentlich? Was ist noch ein Spiel und was keines mehr. Kannst du die Grenzen dieses Begriffes angeben?«

Wir haben uns in der Familie mittlerweile angewöhnt, ihm mit einem »Nein, Onkel Bernd, das kann ich nicht« zu antworten.

»Aber wenn du das nicht kannst, weißt du ja eigentlich nicht, was du mit ›Spiel‹ meinst, weißt du nicht, wovon du redest«, hakt er dann nach.

Onkel Bernd ist so. Er genießt nichts mehr, als anderen Menschen nachzuweisen, dass sie eigentlich nicht wissen, wovon sie reden.

Sie merken schon, ich mag meinen Onkel Bernd nicht besonders. Er ist mitunter schwer zu ertragen. Fragt man ihn dann im Gegenzug »Und, wie steht es mit dir, Onkel Bernd, weißt du etwa nicht, was das Wort ›Spiel‹ bedeutet, du benutzt es doch auch tagaus, tagein?«, so antwortet er doch tatsächlich, er wisse selbst nicht, was ein Spiel ist.

Da steht Ihnen also ein erwachsener Mensch gegenüber und behauptet ernsthaft, nicht zu wissen, was ein Spiel ist. Und Sie wissen, dass er es doch weiß.

Die Situation kennen Sie, solch einen Typen gibt es auch

in Ihrer Familie? Klar, den gibt es ja fast in jeder Familie. Wie reagieren Sie in solch einem Fall?

Möglich wäre zum Beispiel, gemeinsam mit diesem Problemverwandten ein Familienfoto zu betrachten, jedem Mitglied auf dem Foto ein Spiel zuzuordnen und dem störrischen Onkel anschließend diese Spiele einzeln zu beschreiben, womöglich sogar einige Spiele gemeinsam mit ihm zu spielen. Und wenn Sie damit fertig wären, könnten Sie zu ihm sagen: »Das, und *Ähnliches*, nennt man ›Spiele‹.«

Ich habe das selbst mal mit Onkel Bernd versucht, aber er hat sofort abgewinkt. Wonach er verlange, sei eine Definition von »Spiel«, vor allem interessiere ihn die eine, einende Gemeinsamkeit, die alle Spiele zu Spielen macht. Solch eine Gemeinsamkeit müsse es schließlich geben, sonst könnten wir ja gar nicht vernünftig und klar entscheiden, was noch ein Spiel sei und was nicht mehr.

Es ist mir zugegebenermaßen bis heute nicht gelungen, diese zentrale Gemeinsamkeit zu finden. Allerdings habe ich auch bis heute noch nicht begriffen, worin eigentlich das Problem besteht. Schließlich ist »Spiel« ein ganz alltägliches Wort in unserer Sprache, dessen Verwendung weder Ihnen noch mir, weder meinem Neffen Gerald noch Onkel Bernd besondere Schwierigkeiten bereitet. Wie sollte es da auch ein Problem geben? Spielen ist eine ganz natürliche Sache, es gehört einfach dazu, zu uns, zum Menschsein, zu unserer, wie soll ich sagen, zu unserer Lebensform. Genauso wie das Sprechen einer Sprache.

Ich will damit nicht behaupten, nur Menschen sprächen, oder ein Mensch, der nicht sprechen könne, sei kein Mensch, genauso wenig wie ich behaupten würde, nur Menschen spielten. Doktor Paul, unser Hund, spielt auch – sehr gerne sogar. Sprechen kann er allerdings nicht, und führt man sich erst einmal vor Augen, was Menschen so alles tun können, indem sie sprechen und Sprachen verwenden, wie verschieden und reichhaltig die Anwendungen von Sprache in unserem Leben sind, dann erkennt man schon, denke ich, dass dies Dinge sind, die uns als Menschen tatsächlich auszeichnen. Zumindest einem Hund wie Doktor Paul werden Tätigkeiten wie *befehlen, berichten, erzählen, vermuten, Hypothesen prüfen, lügen, Theater spielen, Rätsel raten, Witze machen, feststellen, übersetzen, reimen, beten, beleidigen, fluchen* ewig fremd bleiben. Was alle diese sprachlichen Tätigkeiten nun miteinander gemeinsam haben? Onkel Bernd könnte so etwas fragen. Schwer zu sagen. Sie sind alles *sprachliche* Tätigkeiten. Und das liefe dann wohl auf die Frage hinaus, was alle diese Tätigkeiten zu *sprachlichen* Tätigkeiten macht.

Möglicherweise ist das wirklich eine philosophische Frage, zu deren Klärung man seinerseits einer speziellen sprachlichen Tätigkeit nachgehen müsste, nämlich dem Philosophieren.

Genau danach hatten Sie mich ja einleitend gefragt. Deshalb sitzen wir überhaupt hier beisammen. Ihre Frage lautete: »Was bedeutet es zu philosophieren? Was tut ein Mensch, der philosophiert, und weshalb tut er es?« Eine ganz natürliche, ganz einfache Frage war das, auch wenn Sie mittlerweile sicher zugeben, dass sie einen leicht »Onkel-Berndhaften Touch« hat.

Ein Philosoph, ließe sich antworten, behandelt Fragen, Fragen, die er sich stellt und von denen weder er noch sonst jemand weiß, wer sie sonst behandeln könnte. Fragen, die ihn persönlich angehen, ihn zumindest aber beschäftigen,

Fragen, über die er von selbst gestolpert ist oder auf die er von anderen gestoßen wurde, manchmal aber auch Fragen, die einfach auftauchen wie aus dem Nichts. Die Frage nach dem Wesen des Spiels – »Was ist ein Spiel und was keines mehr?« – ist solch eine Frage.

Wie lässt sich philosophisch mit ihr umgehen?

Eine Möglichkeit wurde bereits erwogen: das Beschreiben und Vorführen von Spielen, in der Hoffnung, die Frage möge sich so von selbst beantworten.

Onkel Bernd war damit aber nicht zufrieden. Denn er ging von der Annahme aus, es müsse *ein* Kernmerkmal geben, das allen Spielen gemeinsam ist. Nur vor dem Hintergrund dieser Annahme lehnte er die angebotene Antwort ab.

Möglicherweise basiert Onkel Bernds Annahme auf falschen Voraussetzungen. Der Philosoph Ludwig Wittgenstein zum Beispiel würde ebendas behaupten. Er würde Onkel Bernd genau das antworten, was Wittgenstein einst sich selbst antwortete, als ihn die Frage nach der einen, einenden Gemeinsamkeit plagte, die doch allen Spielen gemeinsam sein müsse:

> *Sag nicht:* Es muss ihnen etwas gemeinsam sein, sonst hießen sie nicht »Spiele«, sondern *schau*, ob ihnen allen etwas gemeinsam ist. – Denn wenn du sie anschaust, wirst du zwar nicht etwas sehen, was *allen* gemeinsam wäre, aber du wirst Ähnlichkeiten, Verwandtschaften, sehen, und zwar eine ganze Reihe.

Wittgenstein kam auf diesen Gedanken, als er ein Foto seiner eigenen Familie betrachtete und feststellte, dass auch die Mitglieder seiner Familie nicht ein gemeinsames Merkmal aufwiesen, das sie sämtlich teilten, sondern dass sie als Familie auf eine andere Weise miteinander verbunden waren, nämlich über »ein kompliziertes Netz von Ähnlichkeiten, die einander übergreifen und kreuzen, Ähnlichkeiten im Großen wie im Kleinen«.

Es gab also nicht die einende Gemeinsamkeit, sondern nur ein Netz von Ähnlichkeiten.

Diese Beobachtung wandte Wittgenstein nun auf sein Problem mit der vorgeblichen Gemeinsamkeit aller Spiele an. Damit war das Problem für ihn gelöst. Und viele ähnliche Probleme auch, genau genommen sämtliche Probleme, die sich als eine »Was ist eigentlich ein/eine …?«-Frage formulieren lassen.

Anstatt nach einer abstrakten Definition des in Frage stehenden Begriffs zu suchen, strebte Wittgenstein fortan danach, sich mit Hilfe von konkreten, möglichst vielfältigen Beschreibungen größtmögliche Klarheit darüber zu verschaffen, welchen Platz ein bestimmtes Wort (wie »Spiel« oder »Familie«) in unserem Sprechen und damit unserem Leben einnimmt. Die Bedeutung eines Wortes, so seine Überzeugung, ist nämlich nichts anderes als sein korrekter Gebrauch in der Sprache. Einen Menschen mit diesem Gebrauch vertraut zu machen bedeutet demnach, ihn mit der Lebensform vertraut zu machen, in dem dieses Wort seine sinnvolle Anwendung findet.

Selbst das habe ich Onkel Bernd schon mehrmals erklärt, ohne Erfolg. Er stellt noch immer die gleiche Frage. Dem Mann ist einfach nicht zu helfen. Vielleicht will er auch gar nicht, dass man ihm hilft.

Aber was ist mit Ihnen und unserem eigentlichen Thema, der »Philosophie« und dem »Philosophieren« – also ebenjenen Worten, nach deren Bedeutung Sie mich einleitend gefragt hatten?

Offenbar gibt es viele verschiedene Wege, jemanden mit dem Philosophieren vertraut zu machen. Und genauso, wie man bei der Auswahl eines Familienfotos allein schon durch die Auswahl dieses Fotos (und nicht etwa eines anderen) eine gewisse Vorentscheidung darüber trifft, welches Bild man von der eigenen Familie hat und vermitteln möchte, so gilt dies auch für die Auswahl eines Familienfotos als Einstieg in das Sprachspiel des Philosophierens.

Diese Wahl rückt, wie jedes Bild und ganz allgemein jede Beschreibung, gewisse Aspekte in den Vordergrund, andere in den Hintergrund, wieder andere spart sie ganz aus. Ein ausgewähltes Foto mag ferner so treffend, so repräsentativ und so vollständig sein, wie es will, eines wird solch ein Bild für den Neuankömmling nie ersetzen können – und das ist der direkte Kontakt mit den Familienmitgliedern.

Dies gilt auch für die Familie der Philosophierenden. Es ist das eine, Philosophen und die Art, wie sie gewisse Fragen behandeln, anhand eines Bildes oder Textes zu präsentieren, etwas anderes aber, ein Teil dieser Familie zu werden, indem man für das, was diese Philosophen denken und verkörpern, einen Platz im eigenen Leben sucht.

Wenn Sie mit der Familie der Philosophen das Leben teilen, mit ihr morgens aufstehen und besonders, wenn Sie mit ihr zu Abend essen, werden Sie schnell feststellen, dass diese Familie mindestens so eigenartig, unterschiedlich und in sich zerstritten ist wie Ihre eigene und vermutlich jede andere interessante Familie. Die Art und Weise, wie die verschiedenen philosophischen Disziplinen und Schulen philosophische Probleme angehen, wie sie das Spiel der Philosophie spielen, sind jedenfalls nicht enger miteinander verbunden als das Stauspiel meines Neffen Gerald mit dem Autobahnspiel von Onkel Bernd.

Selbst ein einzelner Philosoph wie Ludwig Wittgenstein steht innerhalb der Philosophie für eine ganze Familie von Philosophien und Methoden. Lauscht man den Gesprächen am Tisch, gibt es jedenfalls mitunter sehr wenig, worüber sich die Mitglieder des Wittgenstein-Clans einig wären, wenn sie mit und im Namen ihres Meisters philosophieren. Das ist nichts Ungewöhnliches. Fast jedem großen Philosophen ergeht es so.

Im Fall Wittgenstein liegt diese in sich zerstrittene Vielfalt von Interpretationen nicht zuletzt an der *sprachlichen Form*, die Wittgenstein seiner Philosophie gegeben hat. Gemäß Wittgensteins eigener Beschreibung bildet sein Hauptwerk, die *Philosophischen Untersuchungen*, nämlich ein »Geflecht« aus Bemerkungen, die

> ein weites Gedankengebiet, kreuz und quer, nach allen Richtungen hin durchreisen … Die gleichen Punkte, oder beinahe die gleichen, wurden stets von neuem von verschiedenen Richtungen her berührt und immer neue Bilder entworfen … So ist also dieses Buch nur ein Album.

Von der Anlage her sind Wittgensteins philosophische Untersuchungen dem Familienalbum, aus dem dieses Bild entnommen wurde, deshalb durchaus ähnlich. Solch ein Album lässt sich schließlich auch kreuz und quer, nach allen Richtungen bereisen. Und das Gebiet, das sich so auf immer neue Weise erschließt, ist das eigene Leben.

Philosophie, das war meine einleitende Antwort, gleicht einem Spiel, dessen Ziel ein besseres Leben ist. Warum ich

Ihnen diese Antwort angeboten habe? Darauf zwei kurze Antworten: Erstens, weil Wittgenstein es sagt – und Wittgenstein war unzweifelhaft ein großer philosophischer Kopf (auch wenn seine Antwort mit guten Gründen abgelehnt werden kann). Zweitens, weil es nach meinen eigenen philosophischen Erfahrungen sehr wohl bedeutsame Ähnlichkeiten gibt, die das Sprachspiel des Philosophierens mit anderen mir bekannten Spielen verbindet. Und ein Leben ohne Spiele will ich mir nicht vorstellen.

Manchmal erinnert Philosophieren an Schach, mit anderen Spielern eher an Tennis oder Basketball, es gibt Philosophieformen, die einer Patience gleichen, andere einer Charade, gelegentlich werden auch alte Tennisbälle zerfetzt – und ganz selten fühlt sich dieses Spiel tatsächlich so an wie das Fahren auf der Autobahn mit geschlossenen Augen.

Das sind dann die Tage, an denen man gute Philosophie am nötigsten hat.

WAS PHILOSOPHEN DARÜBER DENKEN

Die Frage nach dem Wesen, den Methoden und der gesellschaftlichen Funktion der Philosophie stellt sich für jeden Philosophierenden – praktisch von Anfang an. Weshalb es geradezu als zentrales Merkmal der Philosophie angesehen wurde, beständig ihre eigenen Methoden, Zentralannahmen und Vorgehensweisen kritisieren zu müssen. Den Philosophen Ludwig Wittgenstein brachte das Nachdenken über seine eigene Disziplin sogar zu der Einsicht, sämtliche philosophische Fragen beruhten auf einer spezifischen

Form sprachlich verursachter Verwirrung. Philosophische Fragen gilt es demnach nicht etwa zu beantworten, sondern vielmehr wie eine Krankheit zu therapieren.

Wittgensteins genial einsichtsreiche *Philosophische Untersuchungen* (erschienen 1953) können deshalb gerade philosophieskeptischen Anfängern mit allerbestem Gewissen empfohlen werden.

Das ist der Hammer!

Wo beginnen? Gestelle, Roste, Regale, Kissen und Matratzen. Keine Lampe an der Decke, die Bilder liegen eingehüllt in der Ecke, daneben Holzplatten, deren mögliche Verwendung Ihnen schleierhaft bleibt. Ihr Bett ist auf drei Zimmer verteilt, umstellt von Kartons, auf denen »Küche«, »Vorsicht«, »Bücher«, »Privat« oder »Müll« steht.

Unverschämtheit, dass die Vormieter dieses hässliche, fettbefleckte Riesenmöbel einfach zurückgelassen haben. Oh, das ist ja die alte Fernsehcouch – von hinten. Vor zwei Tagen, an einem anderen Ort, war das alles noch Ihre Wohnung. Im Moment sind es fremd erscheinende Gegenstände, die bezugslos und ohne erkennbaren Sinn im Raum stehen.

Jetzt müsste man ihn haben, den glücklichen Blick für das Ganze, müsste die neue Wohnung bereits fertig eingerichtet vor sich sehen, sogleich umsichtig Freiräume schaffen, erste, entscheidende Öffnungen, um darauf Schritt für Schritt das Chaos zu lichten und dem neuen Heim seine Gestalt zu geben. Jetzt, in dieser Ursituation des Wohnens, sollte man es spüren, das heroische Gefühl einer Zurückgeworfenheit in die ganze Härte des Daseins, eine Befreiung von allen gewohnten Zwängen und die damit verbundene Chance eines grundlegenden Neubeginns, eine Art existentialistischen Rausch, der in diesem Chaos nichts als von der Gewohnheit lange verstellte Möglichkeiten zum radikalen Neuentwurf sieht.

Stattdessen sind Sie vor allem müde und genervt, erschöpft von dem tagelangen Verpacken Ihrer alten Existenz, bedrückt von der Aussicht auf mehrere Wochen unbequemer Vorläufigkeit. Sie wissen, dass es unter Umständen Jahre dauern wird, bis Sie sich hier heimisch fühlen werden. Sie wären in diesem Moment einfach gerne jemand anders, woanders.

Und zu allem Unglück wurde Ihnen vor wenigen Minuten mit den Worten »Jetzt tu du auch mal was!« ein Hammer in die Hand gedrückt – und die Art und Weise, wie das »auch« betont worden war, hatte Ihnen fast ein bisschen Angst eingejagt. Daraufhin war der Mensch, mit dem Sie Ihr Leben teilen, verschwunden, um Besorgungen zu machen. Lappen, Putzmittel, Tüten, Reißzwecken, Mörtel, Kitt, Kehrblech, solches Zeug. Zeug, das Sie nach Möglichkeit mieden, Zeug, das man Ihnen schon in wenigen Stunden wieder in die Hand drücken würde, ja würde drücken müssen, und zwar mit Sätzen und Betonungen, deren Berechtigung Sie nicht abstreiten könnten.

Dieser Umzug ist selbstverständlich nicht Ihre Idee gewesen. Sie hätten es bevorzugt, gar nichts zu ändern, einfach da zu bleiben, wo sie waren. Doch irgendwann haben Sie sich einer falschen oder auch wahren Notwendigkeit nach Veränderung gebeugt, sind mitgezogen, und allein diese Tatsache setzt Sie nun einer Unmenge gerechter und unvermeidbarer Ansprüche aus.

Vor allem sind Sie jetzt gezwungen, sich neu einzurichten. Alles in diesem Raum verweist auf dieses Projekt. Der Hammer in Ihrer Hand, der eigens angeschaffte Werkzeugkasten mit seinen Nägeln, Dübeln, Zangen und Maßbändern. Ihr Bett, das darauf wartet, endlich zusammengehämmert zu werden, die Haken an den Bildern, für die es eigene Nägel und wiederum einen eigenen Hammer gibt, die Wände, an denen diese Bilder hängen werden. Sie befinden sich in diesem mit Hämmern gebauten Haus, denken an die Straße, in der es steht, die Stadt, in der die Straße liegt, diese durch Straßen mit anderen, ja allen Städten verbundene Stadt. Es ist in der Tat ein gigantisches Einrichtungsprojekt, das recht bedacht die gesamte menschliche Welt einschließt und dabei einen ebenso alltäglichen wie unüberschaubaren Zusammenhang bildet, einen Zusammenhang, mit dem Sie bestens vertraut sind und der stets mitgedacht und mitgewusst bleibt, wenn einem Menschen ein Hammer mit der Aufforderung in die Hand gedrückt wird, doch auch mal etwas zu tun, wenn er aufgefordert wird, sich an diesem nicht notwendig sinnvollen, in jedem Fall aber alternativlosen Projekt des Sicheinrichtens in der Welt doch bitte auch eigenhändig zu beteiligen.

Da liegt er nun in Ihrer Hand, der Hammer. Wie ein Staffelholz, das seit dem ersten Tag von Hand zu Hand gereicht wird, verweist er tatsächlich auf die gesamte Ihnen bekannte menschliche Welt und sagt: Und jetzt du!

Mit dieser großen oder zumindest weitreichenden Reflexion mögen Sie dem Wesen des Hammers und möglicherweise sogar dem Kern Ihrer eigenen Existenz nahe gekommen sein, eines aber leisten solche Gedanken ganz gewiss nicht: Sie richten keine Wohnung ein.

Jedenfalls ist sie in diesem Moment bereits deutlich zu vernehmen, jene verzweifelt gereizte Stimme, die in weniger als einer Stunde schwer bepackt von ihren Besorgungen heimkehren wird, um darauf anzumerken: »Liebling, was immer das Wesen dieses Hammers sein mag, er wurde gewiss nicht dazu geschaffen, *angegafft zu werden*!«

Das wäre nur der absehbare Vorlauf zu einer Katastrophe, die es unbedingt zu vermeiden gilt. In jedem Fall ausgeschlossen bleibt dabei die Erwiderung, es sei Ihnen beim

Betrachten des Hammers zunächst einmal darum gegangen, »eine Verweisungsmannigfaltigkeit phänomenal in den Blick zu bekommen«.

O nein, nein, das ist einfach nicht der richtige Moment für derartige philosophische Spielereien. Umzüge sind echte Grenzsituationen, da kann schon das kleinste falsche Wort, nur eine störende Geste, die mindeste Unterlassung zum Bruch, gar zur endgültigen Trennung führen. Dann wäre es vorläufig geschehen um Ihren Lebensentwurf, und nicht nur das: Am dunklen Ende dieser Katastrophe stünde Ihnen ein erneuter Umzug ins Haus, ein Umzug, den Sie dann ganz alleine zu bewältigen hätten!

Es gilt, jetzt unbedingt zu handeln. Es gilt zu hämmern.

Zuerst die Bilder, nein, Bilder kommen zuletzt. Also das Bett, ja, das Bett. Viele wunderschöne Sperrholzleisten, für jede Leiste vier Nägel, zwei hinten, zwei vorne, und auf geht es, du mein wundervoller Hammer, Retter meiner Seele, Feuer meiner Hände. Nur das Hämmern entdeckt die spezifische Handlichkeit des Hammers!

Sie spüren jetzt mit jedem Schlag, wie sich Ihr Verhältnis zum Werkzeug intensiviert, wie Sie Ihrem Hammer im Hämmern immer näher kommen, bis, ja bis dieser viel zu lang begaffte Hammer langsam zu verschwinden beginnt, vielleicht bemerken Sie gerade noch, wie er sich aus Ihrem Bewusstsein zurückzieht, bis schließlich nicht nur der Hammer im Hämmern verschwindet, sondern Sie selbst gleich mit. Es gibt jetzt in dieser Wohnung weder Sie noch den Hammer, es gibt weder ein Objekt namens Hammer noch ein Subjekt, das diesen Hammer als Hammer erkennt. Alles, was es in diesem Moment gibt, ist ein freudiges, flüssiges, selbstvergessenes Hämmern, in dem beide, der Hammer und Sie, ungestört aufgehen.

Klingt gut, klingt ganz hervorragend! Eigentlich müsste man nur damit anfangen.

Immerhin, ein Paradox hat Ihre Untätigkeit schon hervorgebracht: Sollte sich das eigentliche Wesen des Hammers in seinem ungestörten Gebrauch, also im Hämmern zeigen, dann bestünde das eigentliche Wesen des Hammers darin, im Gebrauch zu verschwinden. Und so für die gesamte Welt des Hammers, für diese Roste und Latten, für das Bett, das Sie zusammenhämmern müssen, die Stühle, für das Geschirr, das Besteck und die Lappen, die gesamte Wohnung: Solange Sie all diese Dinge noch als Hammer, als Roste, als Betten und Stühle, als Wohnung wahrnehmen, sind Sie nicht eigentlich bei diesen Sachen, verfehlen Sie ihr Wesen. Das Wesen dieser Welt, nuscheln Sie jetzt Ihrem Hammer zu, zeigt sich in ihrem Verschwinden. Wir sind ihr am nächsten, sind eigentlich mit ihr vertraut, wenn sie nicht da ist.

Der Hammer ist aber da, hier, in Ihrer Hand, und sollte das zuvor Gesagte zutreffen, dann lässt diese Tatsache nur einen Schluss zu: Sie haben ein gestörtes Verhältnis zu diesem Hammer! Sie sind nicht bei der Sache!

Mit ein wenig Phantasie beginnen Sie nun, diese Hammer-Diagnose noch etwas weiter zu treiben und zu verallgemeinern. Jedes Bewusstsein von einem Ding als diesem Ding verdankt sich demnach einem gestörten Zugang zu diesem Ding, und wenn Sie ferner bedenken, wer es ist, der über dieses Ding als Ding jetzt bewusst nachdenkt, nämlich Sie selbst, und dass Ihr bewusstes Leben und Denken, Ihr bewusstes Ich, aus kaum etwas anderem als einem Strom solcher Gedanken von etwas besteht, dann tritt Ihre gesamte bewusste Existenz mit einem Mal als eine fortwährende Störung hervor, eine Störung, die daraus resultiert, ja darin besteht, dass Sie nicht bei den Sachen, dass Sie nicht wirklich in-der-Welt sind.

Wie schwerwiegend die Störung, die Sie sind, im jeweiligen Moment ist, zeigt sich dabei an der Art und Weise, wie Sie über den Gegenstand nachdenken, der in Ihr Bewusstsein getreten ist und damit eine gewisse Fragwürdigkeit erlangt hat. Zur Ihrer eigenen Orientierung ließe sich an folgende Faustregel denken: Je allgemeiner ausgerichtet und praxisenthobener Ihr Nachdenken über den Gegenstand und Ihr Verhältnis zu diesem Gegenstand, desto schwerwiegender ist die Störung, die Sie sind.

Daraus ergäbe sich dann folgende Hammereinsicht: Ohne ein schwer gestörtes Verhältnis zu der Welt, in der Sie leben und handeln, ohne ein schwer gestörtes Verhältnis gerade zu den alltäglichsten Vollzügen und Verrichtungen gibt es keine Philosophie. Denn Philosophie ist genau das: ein denkbar allgemein ausgerichtetes und zunächst praxisenthobenes Nachdenken über das Wesen der Dinge.

Eine Urszene solch eines Philosophieverständnisses ist tatsächlich ein Mensch, der einen Hammer in der Hand hält, ihn bestaunt wie ein Ding aus einer anderen Welt und in dieser konzentrierten und reinen Schau bestrebt ist, das wahre Wesen dieses Dings zu ergründen – gemäß der alten Weisheit des philosophischen Urvaters Parmenides: »Sein ist, was im reinen anschauenden Vernehmen sich zeigt.«

Der Seinszugang des so Philosophierenden gleicht damit dem Verhältnis, das Sie im Moment zu Ihrer frisch bezogenen Wohnung haben, wo jedes Ding einzeln im Raum steht, fremd erscheint und in dieser bezugslosen Vereinzelung unter Umständen tatsächlich ganz neue, bis dahin ungesehene Eigenschaften preisgibt.

Leicht ist es nicht, aber jetzt, wo Sie Ihren Hammer

schon einmal angaffen und das Verhältnis zu Ihrer Wohnung so wunderbar produktiv gestört ist, können Sie ja einmal versuchen, sich vorzustellen, wie es wäre, wenn Sie nicht wüssten, dass dieses Ding in Ihrer Hand ein Hammer ist, dieser Rost ein Rost, diese Wohnung eine Wohnung und diese Straße eine Straße, wenn Sie einfach so tun, als hätten Sie nicht die leiseste Ahnung, wozu all dieses Zeug eigentlich dient und dienen könnte, wenn Sie vollkommen von dessen Eingebundenheit in Ihr Leben absehen. Was immer sich in diesem reinen anschauenden Vernehmen zeigen würde, eines ist klar: Von solch einer reinen Schau führt kein Weg zu der Einsicht, wozu diese Dinge dienen, und damit kein Weg zur Einsicht in das Wesen Ihrer neuen Wohnung, dieser Kisten, Roste, Latten, dem Ding in Ihrer Hand.

Sie wissen natürlich ganz genau, wozu dieses Zeug dient und sich gebrauchen lässt. Schließlich müssen Sie nicht frisch in die ganze Welt einziehen – und kein Mensch hat das je gemusst! –, sondern nur in eine neue Wohnung. Und angesichts dieser Herausforderung, auch das war nie anders, hilft wirklich nur eines: ans Werk!

Sollte es Ihnen übrigens gelingen – und es sei Ihnen an dieser Stelle herzlich gewünscht –, sich so richtig in die Sache reinzuschaffen, in einen echten Hammer-Flow zu geraten, könnte es sogar sein, dass sich in dieser göttlichen Entlastung des ungestörten Tätigseins ganz unvermutet ein paar Gedanken in Ihr Bewusstsein schleichen, Gedanken, vielleicht sogar Fragen, von ganz grundsätzlichem und allgemeinem Charakter, Gedanken über das Wesen des Hammers und des Hämmerns zum Beispiel.

Das wäre dann doch ein ungestörter Zugang zur Philosophie. Und es soll auch schon vorgekommen sein, dass sich in just diesen Momenten des reinen Tätigseins auf einmal ein neuer, erster, befreiender Blick für das Ganze auftat – das Ganze Ihrer Wohnung, gar Ihrer Welt ...

Ach, Liebling, du bist schon zurück?

WAS PHILOSOPHEN DARÜBER DENKEN

Wer nach dem Menschenbild fragt, von dem die Philosophie gut 2500 Jahre geprägt wurde, stellt sich zur Antwort am besten eine denkbegabte Vogelscheuche vor. Also ein unbewegliches Wesen, das an den Dingen und Prozessen, die es betrachtet und reflektiert, selbst nicht aktiv teilnimmt. Ein anderes Wort für diese rein betrachtende Distanz zum Untersuchungsgegenstand ist »Theorie«. Das Gegenteil von Theorie aber ist Praxis, der konkret handelnde Eingriff in die Welt, in der wir leben. Gerade im 20. Jahrhundert kam es zu einer ganzen Welle neuer philosophischer Bewegungen, die von einem grundlegenden Primat der Praxis vor der Theorie ausgehen und die das zeitgenössische Philosophieren bis heute prägen. Diese Strömungen, zu denen neben dem *amerikanischen Pragmatismus* auch die Philosophien *Martin Heideggers* und *Ludwig Wittgensteins* zählen, gehen von einem menschlichen Wesen aus, das der Welt handelnd gegenübertritt und diese Welt gemeinsam mit anderen erkennt und erschließt – gewissermaßen also von Menschen, die ihr Feld eigenhändig bestellen und dazu auch die eine oder andere (selbst gezimmerte!) Vogelscheuche aufstellen.

Die vorliegende Geschichte beruht auf Martin Heideggers epochaler »Zeuganalyse«, die sich im dritten Kapitel seines Werkes *Sein und Zeit* (orig. 1927, Tübingen 1993) findet. Das entsprechende Kapitel trägt den wunderschönen Titel »Die Weltlichkeit der Welt«.

Moralisch auf den Hund

Sie ist kein dramatischer Typ. Im Gegenteil. Aber die näheren Umstände, meinte sie atemlos, die könne sie mir jetzt beim besten Willen nicht erklären, es sei einfach nur furchtbar dringend.

Da fragt ein Freund nicht nach. Offenbar war ihr selbst nicht wohl bei der Vorstellung, sonst hätte sie am Handy nicht extra noch einmal nachgefragt, ob ich mir die Sache auch wirklich zutraue. Das war keine rhetorische Frage. Wer diesen Hund kennt, weiß das. Zwei Stunden auf Gauguin aufpassen. Ob ich mir das zutraue?

Natürlich habe ich Ja gesagt. Viel Zeit zur Vorbereitung blieb nicht. Gerade genug, eine Tagesdecke auf das Sofa zu legen, das Wohnzimmer zu lüften und Staub zu saugen.

Ich kannte mehr als einen Grund, meine Eignung zu bezweifeln. Aber die Antwort, ob die Entscheidung richtig war, würden nur die nächsten zwei Stunden geben können.

Es hängt ganz allein von mir ab – und Gauguin. Moralisch bin ich in jedem Fall fein raus. Selbst wenn Gauguin in dieser Zeit etwas Furchtbares zustößt, an meinem guten Willen wird das im Nachhinein nichts ändern. Jeder wahre Freund hätte an meiner Stelle genauso gehandelt, hätte sich der Situation gestellt, wäre wie ich über den eigenen Schatten gesprungen. Und etwas Besseres als einen guten Willen gibt es nicht, ganz egal, was im Ergebnis aus ihm folgt.

Wie gut ein Wille wohl ist, der sich zutraut, was er sich womöglich nicht hätte zutrauen sollen? Geht die Sache schief, lässt sich aus dieser Frage, im Nachhinein, schon ein moralischer Strick drehen.

Nicht bei jeder Art von Unglück, das ist klar. Trifft Gauguin beim Gassigehen der Schlag, bin ich mir keiner Schuld bewusst. Ich werde nicht mal traurig sein, jedenfalls nicht wegen des Hundes. Meine Welt ist besser ohne Gauguin. Außerdem kommt Gassigehen sowieso nicht in Frage. Wir zwei werden schön im Haus bleiben. Gauguin darf in dieser Zeit einfach niemandem etwas antun. Weder sich noch mir.

Schwierig genug. Noch die kleinste Unachtsamkeit könnte sich als fatal erweisen. Der Kerl bringt es fertig und stranguliert sich mit seiner eigenen Leine. Das wäre dann wirklich eine Katastrophe, für meine beste Freundin, für unsere Freundschaft. Zwar würde *sie* mir bestimmt keine Vorwürfe machen, jedenfalls keine offenen. Aber ich würde es tun. Und ich hätte, je nachdem, meine guten Gründe dafür. Staub saugen. Warum mache ich das jetzt? Und für wen? Etwa für den Hund? Die klassische Übersprungshandlung, in sich sinnlos, ja widersinnig, dachte ich noch, als es an der Tür klingelte.

Gefressen hat er. Alles Gute. Wird schon schief gehen … Plötzlich war ich allein mit dem angeleinten Gauguin.

Gauguin?! Verschwunden. Weg! Ab durch die noch offene Verandatür. Wie konnte ich das vergessen? So einen Fehler verzeiht Gauguin nicht, niemandem. Ich wusste doch, dass er ein Ausreißer ist, sich gerne mal einen »freien Tag« nimmt, wie meine Freundin das nennt.

Jetzt muss der Rüde nur noch ein Kind anbellen, das darauf erschreckt vom Fahrrad fällt, auf die Straße, wo ein Laster … dann werde ich nicht der einzige Mensch auf der Welt sein, der mir Vorwürfe macht. Dann bin ich ganz offiziell schuld, verantwortlich, ein Fall für die Versicherung, ein schwerer sogar. Vor allem aber für mein Gewissen.

Ob Gauguin jetzt ein Unglück zustößt oder ob er, schlimmer noch, eines verursacht, hängt nicht mehr von mir ab. Das ist ja gerade das Problem. Genau dazu hätte ich es niemals kommen lassen dürfen. Darin bestand die einzige Aufgabe. Offen ist also nur noch die Schwere meiner Schuld. Die bestimmt nun der Hund, da draußen, im Gewimmel der Stadt.

Unter Umständen werde ich für ein Ereignis moralisch verantwortlich sein, dessen Eintreten oder Ausbleiben sich meiner Kontrolle entzieht. Wie kann man mir die Schuld für etwas geben, auf das ich keinen willentlichen Einfluss mehr habe? Außerdem muss zwischen dem unbedingt guten Willen eines besten Freundes und einem guten Grund zur ewigen Selbstverfluchung doch mehr liegen als ein offener Schiebetürspalt, durch den sich ein verrückter Hund zwängt.

Ich muss ihn suchen, ihn finden, muss den Fehler wieder gutmachen, so gut es eben geht. Der Park ist eine Möglichkeit, aber auch der Kinderspielplatz am anderen Straßenende. Auf dem Kinderspielplatz gibt es einige Kinder und Mütter. Im Park gibt es Hunde und Kinder. Also ab in den Park – es gilt, das Schlimmste zu verhindern. Schließlich wird man mich für den Fall, dass Gauguin auf seinem Weg in den Park irgendein Unheil anrichtet, fragen, womöglich sogar verhören, wie es dazu hatte kommen können, wird wissen wollen, was ich getan und gelassen habe. Andere werden das Ausmaß meiner Schuld, meiner Verantwortung, genau ermitteln wollen. Und ich?

Ich würde, für den Rest meines Lebens, das Gleiche tun. Jede Nacht, jeden Tag. Hättest du nicht besser aufpassen können? Warum hast du überhaupt zugesagt? Sonst wäre das Unglück nicht geschehen.

Wie sollte ich mir meine Geschichte dann im Nachhinein zurechtlegen? Dass ich das Wohnzimmer lüften wollte, deshalb die Verandatür öffnete, ich daraufhin, weshalb auch immer, mit dem Staubsaugen begann, bis es plötzlich klingelte, dass ich meine beste Freundin zum Abschied umarmte, weil sie so aussah, als ob sie es gebrauchen könnte, dass der angeleinte Gauguin in dieser Sekunde ins Haus rannte, ins Wohnzimmer, um schnurstracks durch die noch offene Verandatür zu entwischen. Eine Nachlässigkeit, wie sie jedem geschehen kann, jedem schon einmal so oder ähnlich unterlaufen ist.

Gauguin, dem eigentlichen Übeltäter, wird niemand ernsthaft moralische Vorwürfe machen, obwohl der Köter genau weiß, dass er nicht abhauen darf! Ist ja nur ein Hund.

Ich aber, ich werde Schuld auf mich nehmen, werde für ihn, für das ganze Geschehen Verantwortung tragen, zu tragen haben. Als ob ich mich um diese Aufgabe gerissen hätte. Dabei war ich die letzte Alternative, der Notnagel.

Bereits die Tatsache, dass ich überhaupt eine Entscheidung für oder gegen Gauguins Obhut treffen musste, hatte nichts, aber auch gar nichts damit zu tun, was ich heute geplant, gedacht, gewünscht, aus freien Stücken getan oder unterlassen hätte. Und deshalb bin ich zumindest für ebenjene Zusage, mit der alles begann und die ich schon jetzt ehrlich bereue, bin ich für genau das, wofür ich jetzt moralisch zweifellos verantwortlich bin, moralisch nicht verantwortlich. Das sollte mir jeder vernünftig denkende Mensch zugestehen.

Wurde ich nicht ausdrücklich und sogar wiederholt gefragt? Hätte ich nicht einfach Nein sagen können? Schon. Aber wer mich kennt, weiß, ich bin jemand, der in solchen Situationen nur schwer Nein sagen kann, genauso wie ich ein Typ bin, der gerne mal etwas vergisst, der Herdplatten an-, Handschuhe liegen und Schiebetüren offen stehen lässt. Ich weiß und wusste das selbst, besser als sonst irgendjemand. Deshalb ahnte auch ich von Anfang an, ein klares Nein wäre eigentlich die richtige, die verantwortliche, die wahre Freundschaftsantwort gewesen. Im Ergebnis hatte ich mit dieser Einschätzung Recht. Aber wer kann schon raus aus seiner Haut? Außerdem war es ja nicht so, dass es mit mir und Gauguin schief laufen musste. Ich hatte eine Chance, habe sie verpatzt.

Nein, ich werde mich nicht herausreden, vor meiner Schuld gewiss nicht davonlaufen, mich nicht aus der Verantwortung stehlen. Aber aus moralischer Sicht ist ein Mensch doch wohl nur für solche Handlungen und Ereignisse verantwortlich zu machen, die seiner freien und willentlichen Kontrolle unterliegen – auf keinen Fall aber für sämtliche *Folgen* solcher Handlungen. Sonst wäre ja jeder einzelne Mensch praktisch für alles, jedenfalls für verdammt viel verantwortlich, für mehr, als irgendein menschliches Gewissen jemals ertragen könnte.

Und wie viele Entscheidungen lagen denn, im konkreten Fall, ganz bei mir, unterlagen meiner bewussten Kontrolle, meinem unbedingt freien Willen?

Je mehr ich darüber nachdenke, desto weniger werden es. Keine einzige, soweit ich jetzt sehe. Nicht mal, ob ich Gauguin rechtzeitig finde, liegt in meiner Hand.

Trotzdem. Versagt habe ich und schuld bin ich. Bereits jetzt. Die entscheidende Frage ist nur noch, wofür genau und für wen noch. Irgendwo hier im Park muss er sich doch rumtreiben. Da vorne, unter der Bank, ein Streuner, der an seiner eigenen Leine kaut. Ist er das? Gauguin.

Gott sei Dank! Kommt tatsächlich auf mich zu, in so einer widersprüchlichen, halb dankbar erregten, halb unterwürfigen Kriechbewegung. Genau das, was ich auch gerade fühle. Elender Simulant.

Was ich meiner besten Freundin wohl erzählen soll, wenn sie wissen will, wie es lief? Von der Wahrheit hätte gewiss niemand etwas. Andererseits, ihr die Wahrheit zu sagen wäre für heute vermutlich meine letzte Chance, moralisch auf Nummer Sicher zu gehen.

Wie sie Gauguin und mich kennt, wird sie wahrscheinlich gar nicht erst nachfragen.

WAS PHILOSOPHEN DARÜBER DENKEN

Wer handelt und sich entscheidet, tut dies innerhalb eines Geflechts von Bedingungen, das er nicht vollständig überschauen und beherrschen kann.

Für den Handelnden bedeutet dies nicht zuletzt, dass er die Folgen des eigenen Handelns im Voraus nicht sicher absehen kann. Sehr oft entscheiden Faktoren, die außerhalb des eigenen Einflusses liegen, darüber, ob die Handlung ihr gewünschtes Ziel erreicht – ob etwas Erhofftes eintritt oder Befürchtetes ausbleibt. Diese Faktoren nennt man gemeinhin »Glück« oder »Pech«.

Sofern unsere Handlungen moralische Handlungen sind, gibt es also so etwas wie moralisches Glück oder moralisches Pech. Das liegt einfach daran, dass es für die moralische Beurteilung einer Handlung offenbar nicht gleichgültig ist, welche Folgen sie im Ergebnis zeitigt. Im Gegenzug allerdings scheint es uns oft ungerecht,

jemanden (moralisch) für etwas zu verurteilen oder zu belobigen, für das er, wie man dann sagt, »selbst gar nichts kann«.
Es besteht also in dieser Hinsicht eine Spannung zwischen der Art und Weise, wie moralische Urteile gefällt werden, und der Art und Weise, wie wir (zumindest viele von uns) glauben, dass sie gefällt werden *sollten*.
Diese Spannung stellt ein moralphilosophisches Problem dar, dem mit verschiedenen theoretischen Strategien begegnet werden kann.

Einen klassischen Startpunkt für das philosophische Problem des »moralischen Glücksfalls« bietet Kants kurze Schrift *Über ein vermeintliches Recht, aus Menschenliebe zu lügen.*
Für eine zeitgenössische und sicher nicht weniger erhellende Diskussion dieses Problems siehe die Beiträge der Philosophen Bernard Williams, *Moralischer Zufall* (Königstein 1984), und Thomas Nagels *Glück gehabt! Zufall als moralisches Problem* (in: T. Nagel, *Über das Leben, die Seele und den Tod*, Königstein 1984).

Sie haben da einen Fleck

Mich stört der Fleck nicht. Nicht im Geringsten. Aber was ist mit meinem Gegenüber?

So wie er da sitzt, hat er heute seinen großen Tag. Anzug, Krawatte, weißes Seidenhemd. Eigentlich viel zu jung für solch einen Aufzug. 25 Jahre, höchstens. Wirkt ausgesprochen angespannt, der Gute. Vermutlich ein Vorstellungsgespräch. Oder eine Prüfung? Und das Buch auf dem Nebensitz, gehört es ihm? Bürgerliches Recht. Jurist, alles klar. Staatsexamen, es ist Spätherbst, also mündliches. Armer Teufel. Da kann ihn so ein Fleck auf dem Hemd schon ein bis zwei Punkte kosten. Das wäre es dann gewesen mit dem Prädikat. Sieh an, werden sie denken, marschiert uns mit einem Fleck ins Examen. Die werden sich natürlich nichts anmerken lassen. Erst nach der Notenbekanntgabe, wenn alle gemeinsam bei einem Gläschen Sekt zusammenstehen, die Eltern schon aufgeregt im Auto warten, um ihren Bub zu überraschen, werden die Prüfer es im Vorbeigehen erwähnen. »Junger Mann, Sie haben da übrigens einen Fleck auf dem Hemd.« In diesem Moment wird er begreifen, woran es eigentlich gelegen hat. Juristen können solche Schweine sein.

Besser, ich weise ihn darauf hin. Vielleicht hat er sogar ein Ersatzhemd mitgenommen. Für alle Fälle. Kann schließlich immer mal passieren, so ein Kaffeefleck, vor allem hier im Zug. Sollte er allerdings kein Ersatzhemd dabeihaben, was ja viel wahrscheinlicher ist, und ich weise ihn jetzt auf sein beschmutztes Hemd hin – welche Konsequenzen hätte das dann für ihn? Den Fleck kriegt er nicht mehr raus, jedenfalls nicht, ohne einen neuen, noch größeren Fleck zu erzeugen. Ist es für ihn nicht besser, er hält sich weiterhin für einen tadellos gekleideten Examensjuristen und geht ganz unbelastet in die Prüfung? Dann bringt er wenigstens, was er kann. Und selbst wenn ihn der Fleck dann ein, zwei Punkte kosten sollte – mit Fleck wäre er von Anfang an verunsichert, da blockiert er womöglich total.

Eigentlich eine Zumutung. Ich habe mich in dieses Abteil gesetzt, wollte in Ruhe aus dem Fenster gucken und im günstigsten Fall an gar nichts denken, und bloß weil mir gegenüber ein junger Mann mit einem fiesen braunen Kaffeefleck auf dem Hemd sitzt, stehe ich plötzlich in der Verantwortung, muss ich für ihn und mich zwischen Richtig und Falsch entscheiden. Wovon hängt die Richtigkeit meiner Handlung ab, nach welcher moralischen Regel soll ich mich jetzt richten? Am Ausgang solch eines Staatsexamens entscheiden sich immerhin Lebenswege! Soll ich mich bei meiner Entscheidung etwa an Kants moralischen Imperativ halten und mein Handeln nach einer Regel ausrichten, von der ich wollen kann, dass sie ein allgemeines Gesetz werde, sozusagen ein allgemeines moralisches Fleckenhinweisgesetz? Soll ich so handeln, wie jeder vernünftige Mensch in dieser Situation auch handeln würde? Und was hieße das?

Hängt die Frage, was jetzt zu tun ist, im konkreten Fall nicht allein von den Konsequenzen ab, die mein Handeln erwarten lässt? Davon, ob es für mein Gegenüber, nach allem, was ich zu diesem Zeitpunkt sagen kann, besser wäre, von diesem Fleck zu wissen oder eben nicht zu wissen. Wie aber soll ich diese Konsequenzen jetzt vernünftig abschätzen? Ich weiß so gut wie nichts über diesen Menschen und habe keine Ahnung, welche Alternative ihm wahrscheinlich mehr nutzen wird. Hier sitze ich. Ihm gegenüber. Es gibt keine Möglichkeit, eine Entscheidung zu vermeiden, auch mein Unterlassen ist jetzt ein Handeln, und es gibt keine Grundlage, auf der ich diese Entscheidung verantwortlich treffen könnte. Verdammter Fleck! Ohne Fleck gäbe es dieses moralische Dilemma gar nicht. Und noch vor einer halben Stunde, kein Zweifel, war dieser Fleck Filterkaffee in einem Pappbecher. Jetzt ist er Filterkaffee auf einem weißen Seidenhemd. Na und?

Wem schadet der Filterkaffee dort, wo er jetzt ist? Warum ist die gleiche Substanz jetzt, auf seinem Hemd, auf einmal Schmutz und damit etwas, das auffällt, unweigerlich Missfallen erregt und nach Säuberung schreit? Leidet die Seide etwa unter der Kaffeesubstanz, schädigt Kaffee solch ein Hemd in irgendeiner Weise, mindert er dessen Brauchbarkeit?

Ich wüsste nicht, weshalb. Der einzige Grund, weshalb Kaffee auf einem Seidenhemd die Brauchbarkeit eines Hemdes einschränkt, liegt darin, ein Schmutzfleck zu sein. Aber warum ist er ein Fleck?

Der Fleck sieht hässlich aus, zugegeben, ist unförmig und beginnt an den Rändern einzutrocknen. Er ist ein unästhetisches Zufallsprodukt, jedenfalls für mein Empfinden. Aber ist es wirklich seine Gestalt, die ihn zum Schmutzfleck macht? Was, wenn es ein wohlgeformter Kaffeefleck wäre, ein Fleck in eleganter Tropfenform?

Ein Schmutzfleck bliebe es doch. Ich würde nach wie vor hier sitzen und mich fragen, ob ich ihm von diesem Fleck erzählen soll.

Liegt es wirklich nur am falschen Ort der Kaffeesubstanz? Läge darin das Wesen ihres Fleckseins? Ist Schmutz Material am falschen Ort? Klingt doch ganz vernünftig.

Aber was macht einen bestimmten falschen Ort eigentlich zum Schmutzort? Gibt es nicht jede Menge Dinge und Substanzen, die sich zweifellos am falschen Ort befinden, ohne dadurch Schmutz zu werden, Schmutz zu sein?

Eine nagelneue, gebrauchsfertig aufgeschlagene, aber noch unbenutzte Babywindel läge auf diesem Zugtisch definitiv nicht am richtigen Ort. Aber deshalb würde sie den Tisch noch lange nicht beschmutzen, wäre sie hier nicht Schmutz. Schmutz wäre sie auf diesem Tisch allenfalls, sollte es sich um eine bereits benutzte Windel handeln. Und von dem gebrauchsbedingten Material in solch einer Windel ließe sich wiederum sicher nicht behaupten, es befinde sich am falschen Ort.

Schmutz muss dem Objekt, an dem es Schmutz ist, nicht schaden, muss es nicht verunglimpfen und muss als Schmutz auch nicht notwendig Material am falschen Ort sein. Er muss als Schmutz offensichtlich nur eines: Er muss weg!

Wie kommt es, dass, wenn ich nur genau genug hinsehe, so gut wie alles auf dieser Welt schmutzig ist? Zum Beispiel dieses Zugabteil. Es gibt darin keinen einzigen Gegenstand, der nicht mehr oder weniger schmutzig wäre.

Warum tun wir uns das an? Dieses ganze Material ist doch nur Schmutz, weil wir es als Schmutz klassifizieren. Was dieses Hemd zu einem schmutzigen Hemd macht, das bin doch niemand anderes als ich und meine Wahrnehmung, ist meine Vorstellung davon, wie ein ordentliches Staatsexamenshemd auszusehen hat. Unabhängig von solch einer Idealvorstellung »weißes Staatsexamenshemd« ist dieser Fleck kein Schmutzfleck! Also bin offensichtlich ich hier das Problem, nicht der junge Mann, nicht seine Unachtsamkeit, nicht sein Hemd, nicht der Kaffee auf seinem Hemd –

nein, ich bin schuld an diesem Fleck. Der eigentliche Schmutzfink bin ich!

Sollte ich ihm das sagen? Soll ich die Schuld für den Fleck auf mich nehmen und sagen: »Es tut mir Leid, Sie haben da einen Fleck, und diesen Fleck gibt es nur, weil ich ihn als Fleck wahrnehme.«

Das wäre wenigstens ein Anfang. Von diesem Schuldbekenntnis aus könnten wir dann noch einmal gemeinsam versuchen, uns über das Wesen eines solchen Schmutzflecks klarer zu werden, ihn uns womöglich philosophisch ausreden und als das erkennen, was er eigentlich ist: drei Dutzend Kaffeetröpfchen auf einem Seidenhemd!

Wir könnten unser Gespräch mit der Feststellung beginnen, Schmutz sei Material am falschen Ort, und ein falscher Ort werde dadurch bestimmt, dass dieses Material dort, wo es fälschlicherweise gelandet ist, immer auch die Verletzung einer angenommenen Ordnung bedeutet, dass es also eigentlich der Bruch mit einem vorhandenen Ordnungssystem ist, der den Schmutz zu Material am falschen Ort werden lässt.

Wir würden dann natürlich schnell feststellen, wie willkürlich unsere Ordnungsweisen sind, würden begreifen, dass dieser Kaffee auf dem Hemd in einer anderen Kultur als der unseren genauso gut eine für jeden sofort erkennbare Ehrenauszeichnung für Prädikatsjuristen bedeuten könnte, dass es an diesem bisschen Kaffee auf dem Hemd, per se, absolut nichts auszusetzen gibt.

Wir würden von dort aus erkennen, dass es in Wahrheit nur unsere bürgerlichen, tendenziell faschistischen Ordnungsgewohnheiten sind, die für Schmutz und Schmutzabwehrverhalten verantwortlich sind, Gewohnheiten, die unsere Eltern und mit ihnen die ganze Gesellschaft seit

Beginn der analen Phase erfolgreich in uns verankern konnten.

Wir kämen darauf, dass es bei der Identifizierung von Schmutz eigentlich nur um Macht und Ausgrenzung geht, um die Ausgrenzung von Menschen beispielsweise, die sich kein sauberes Seidenhemd leisten können, und womöglich sogar darauf, dass dieser ganze Sauberkeitswahn nichts als eine einzige Zwangsstörung einer durch und durch kranken Gesellschaft ist.

Ohne Zweifel würden wir uns zügig über die Wünschbarkeit einer Welt einig, in der niemand fürchten muss, wegen eines Kaffeeflecks auf dem Hemd benachteiligt zu werden, zumal bei einem Fleck, für den der Betroffene zumeist ja gar nichts kann, einem Fleck, an dem niemand schuld ist, einem Fleck, der genauso zufällig und unverschuldet ist wie die Tatsache, dass wir beide uns hier in diesem Abteil gegenübersitzen.

Wir würden dann gewiss begreifen, was für eine wunderbare Sache solch ein Fleck eigentlich ist, lernten seine Fähigkeit zu schätzen, unsere Ordnungsvorstellungen zu stören, sie aufzubrechen, ja eigentlich erst in ihrer Willkürlichkeit sichtbar werden zu lassen, und das alles, ohne dass dieser Fleck in seinem Schmutzigsein und seiner eigentlichen, utopischen Ortlosigkeit uns eine andere, bessere Ordnung vorschlüge, etablieren wollte oder auch nur andeutete.

Wir begriffen diesen Fleck gemeinsam als utopisch subversives Zeichen und wüssten in diesem Moment auch, weshalb solch ein Fleck bestraft wird, weshalb ein Kaffeefleck auf dem Hemd gerade bei Anlässen wie einem juristischen Staatsexamen, die ja den Eintritt in die höheren Sphären des Systems bedeuten, die Karriere kosten kann.

Gerade das Recht, dieses Monster von einem Ordnungs- und Verbotssystem, kann es sich einfach nicht erlauben, an die Willkürlichkeit seiner eigenen Ordnung auch nur erinnert zu werden.

Es würde ohne Frage eine gesprächige Zugfahrt, womöglich der Beginn einer langen Freundschaft. Doch dieses Gespräch wird nie stattfinden. Nicht so und auch nicht anders. Ich werde es nämlich nicht beginnen. Es ist keine so leichte Sache, Menschen von dem utopischen Potenzial eines Kaffeeflecks zu überzeugen. Und soweit ich es beurteilen kann, ist mein Gegenüber auch nicht der richtige Typ für solche Erwägungen. Er passt einfach nicht in mein Schema. Außerdem habe ich ja selbst massive Schwierigkeiten, mich vom utopischen Potenzial dieses Flecks zu überzeugen. Schließlich ist bereits mit der Anfangsthese dieser Utopie, Schmutz sei Material am falschen Ort, etwas faul.

Mein eigentliches Problem ist ohnehin ein anderes. Er hat da einen Fleck, und die Frage ist ganz einfach, ob es richtig ist, den jungen Mann kurz vor der Prüfung auf die Existenz dieses Schmutzflecks hinzuweisen. Es gibt auf diese Frage zweifellos eine Antwort. Ich aber kenne diese Antwort nicht und kann sie in diesem Moment nicht kennen. Ich werde diese Antwort auch nie erfahren, denn ich werde nie erfahren, wie die Prüfung in einer Welt gelaufen wäre, in der ich mich für die andere Option entschieden hätte.

Wenn die tatsächlichen Konsequenzen meiner Handlung oder meines Unterlassens das Maß sind, an dem sich die Güte meiner Entscheidung bemisst, würde mir selbst nach dieser Prüfung kein Mensch auf dieser Welt sagen können, ob ich die richtige Entscheidung getroffen habe. Das ginge nur, wenn es so viele Wirklichkeiten wie Kaffeeflecken gäbe und wenn wir diese Wirklichkeiten miteinander wie Kaffeeflecken vergleichen könnten.

Das moralische Problem, in dem ich jetzt stecke, wird folglich, so oder so, ewig an mir hängen bleiben – als ein weiterer kleiner blinder Fleck auf meinem ansonsten strahlend weißen Gewissen.

WAS PHILOSOPHEN DARÜBER DENKEN

Offenbar gibt es verschiedene Kriterien, eine moralische Handlung abzuwägen und zu beurteilen. Zwei grundsätzliche philosophische Alternativen stellen hierbei die so genannte *Gesinnungsethik* auf der einen und der so genannte *Konsequentialismus* auf der anderen Seite dar.

Eine Gesinnungsethik sieht in der Beurteilung einer moralischen Handlung von den Folgen ab, die diese Handlung tatsächlich zeitigt. In ihr zählt der gute Wille – und dieser Wille richtet sich nach gewissen, begründbaren Regeln oder zumindest Maßstäben. Ein Beispiel für eine solche Ethik ist die *Moralphilosophie Immanuel Kants.*

Der Konsequentialismus stellt – der Begriff sagt dies bereits – die vernünftig erwartbaren Konsequenzen der Handlung in den Beurteilungsvordergrund. Ein Beispiel für eine konsequentialistische Position ist der moralphilosophische *Utilitarismus* (für den im Anfang Philosophen wie *Jeremy Bentham* und *John Stuart Mill* stehen).

Diese beiden theoretischen Ansätze lassen sich auf jedes konkrete Entscheidungsproblem anwenden – was allerdings nicht notwendig heißt, dass sie im Einzelfall zu moralisch befriedigenden Lösungen führen werden.

Natürlich stellen sich konkrete Handlungsprobleme nur vor dem Hintergrund eines einmal erkannten Handlungsbedarfes – und das führt auf die Frage nach dem Wesen des Flecks oder, allgemeiner, des Schmutzes. In der Welt, in der wir leben, gibt es Flecken, gibt es Schmutz. Das ist eine Tatsache. Aber was für eine Tatsache ist es? Eine *empirische*, gar eine *wissenschaftliche* (gibt es beispielsweise eine chemische Formel für »Schmutz«?) oder vielleicht eine *soziale* Tatsache?

Verhängnisvolle politische Begriffe wie der einer »ethnischen Säuberung« lassen erahnen, dass es bei dieser Frage nicht nur um bloße Worte geht, sondern vielmehr um konkrete Handlungen. Zumindest so viel nämlich scheint im Wesen des Schmutzes zu liegen: Er ruft nach Beseitigung. Vor diesem Hintergrund ist es sinnvoll, einige Gedanken darauf zu verwenden, was (oder im schlimmsten Fall: wer) da eigentlich im konkreten Fall beseitigt werden soll und warum.

Den ersten einflussreichen Beitrag zur Philosophie des Schmutzes bildet bereits der Platon'sche Dialog *Parmenides*. Eine Auseinandersetzung mit der zeitgenössischen Philosophie des Schmutzes nimmt am besten mit Mary Douglas' Werk *Purity and Danger* (London 1966) ihren Anfang.

Lebendige Skepsis

4.34 Uhr. Seltsam. Ist mir noch nie passiert, dass ich in ihm erstickt bin. »Wach auf, du bist tot!«, das war meine Stimme. Ganz klar. Das waren meine letzten Worte. Gerade eben. Im Traum. Wach auf, du bist tot! Kein Mensch kann das zu einem anderen sagen. Nicht in Wirklichkeit. Nicht, um etwas mitzuteilen. So wie ich mir. In meinem Traum. Ich habe mich verstanden. Bin der Anweisung sogar gefolgt. Und was folgt daraus? Etwa, dass ich gestorben bin? Erstickt. Gerade eben. In meinem Albtraum? Dann läge ich hier, jetzt tot, noch ohne es selbst zu begreifen.

Unsinn. Nichts spricht dafür. Nichts, außer einem Albtraum, aus dem ich einen Tick zu spät erwachte. Was ich jetzt spüre, erfahre, denke, denkt ein Toter nicht, könnte er nicht erfahren. Soweit ich weiß. Soweit ich wissen kann. Und wie weit kann ich es wissen? Gar nicht. Über die Erfahrungen eines Toten kann ja niemand etwas Sinnvolles sagen. Nicht einmal, dass es sie nicht gibt.

Nicht einmal ich, jetzt, zu mir? Nur einmal angenommen, ich wäre gerade gestorben. Wie ließe sich feststellen, ob es wirklich so ist – jetzt, in diesem Moment, für mich?

Ich könnte schreien. Meine Stimme im Raum hören.

Ich kann mich schreien hören.

Das Echo meines Schreies. Sein Hallen. In mir.

Und die Stimme eines anderen? Könnte ich sie noch hören? Der Tod ist der Zustand, in dem einen niemand mehr hört, heißt es. Das wäre dann ein Test.

Ich könnte jemanden anrufen, einen Freund. Um mich zu beruhigen. Mit ihm sprechen. Jetzt. Mitten in der Nacht, im Morgengrauen. Könnte ihm erzählen, von diesem Albtraum, ihn fragen, ob ich tatsächlich gestorben bin und was er wohl dazu meint.

Absurd.

Das Fragen wäre seine eigene Antwort.

Aber weshalb sollte seine Stimme mich überzeugen, wo es meine eigene nicht vermag? Ist er etwa wirklicher als ich? Wirklicher als das, was ich gerade denke? Bestimmt nicht.

Nein. Der eigene Tod wird nur von den Lebenden festgestellt. Nur sie können das. Glänzende Aussichten. Zum Tagesbeginn halte ich als erste Erkenntnis fest: Ein Toter kann nicht feststellen, tatsächlich gestorben zu sein.

Was mich in meiner Situation auf die Frage führt: Wie soll ich dann, jetzt, feststellen können, dass ich nicht gestorben bin? Es gibt doch nur zwei Möglichkeiten – und nichts festzustellen. Nicht für mich. Und nur mich geht dieser Zweifel wirklich an.

Ruhig. Durchatmen. Es war nur ein Traum. Bin ich überhaupt aufgewacht? Ich könnte noch schlafen und das alles hier träumen. Ein neuer Albtraum. Soll ich mich zwicken?

Lächerlich. Ich tue es, ich spüre meinen Schmerz, so wirklich wie ich jetzt noch die Enge in meiner Brust spüre, die gleiche Enge, die ich im Traum spürte, als ich in ihm erstickte. Also noch ein leeres Spiel, das nichts beweisen kann.

Ich sollte wirklich anrufen. Das haben sie mir gesagt, als ich ihnen davon erzählte. »Wenn es wieder so weit ist, ruf einfach an, egal zu welcher Uhrzeit, wenn es dir hilft.«

Das haben sie gesagt.

Wenn die wüssten. Allein die Vorstellung. Jetzt zum Hörer greifen, einen Freund anrufen, ihn fragen, ob er meine Stimme hört, ihn fragen, ob ich aufgewacht bin!

Das ist keine Frage, auf die es eine vernünftige Antwort gibt. Jedenfalls nicht für den, der sie stellt, um etwas zu erfahren, was er selbst noch nicht weiß.

Was soll der andere denn aus meiner Frage schließen, außer dass ich aufgewacht bin, zu früh, in Angst, verwirrt von meinem Albtraum? Oder aber, dass ich noch schlafe, schlafwandle, und er mir also nicht sagen kann, was ich wissen will. Weil ich, so schlafend, ja selbst nicht weiß, was ich ihn gerade frage.

Nein, das kann zu nichts führen. Der Grund ist ganz einfach. Jeder kann ihn verstehen:

Kein Schlafender kann feststellen, dass er tatsächlich schläft. Denn dazu müsste er wach sein. Und nur Schlafende träumen tatsächlich.

Niemand, der sich als Träumender fragt, ob er träumt, kann deshalb feststellen, dass er gerade tatsächlich träumt.

Das sind keine leeren Worte. Das ist ein Argument. Wenn es überhaupt eines gibt oder jemals eines gab. Aus ihm folgt:

Niemand, der tatsächlich aus einem Traum aufgewacht ist und zweifelt, ob er aufgewacht ist, hat die Möglichkeit festzustellen, dass er tatsächlich aufgewacht ist (und nicht nur träumt, aufgewacht zu sein).

Und es gibt nur diese beiden Möglichkeiten.

Oder den Tod.

Es gibt also nichts festzustellen. Nicht für mich. Für niemanden, den solche Zweifel wirklich plagen. Wie sollte es? Ich weiß es nicht.

Ich weiß nur, dass ich mich erinnern kann, schon mehrmals zuvor in meinem Leben geträumt zu haben, aufgewacht zu sein. So wie viele andere auch, die mir von ihren Träumen erzählten. Vielleicht könnte jeder Mensch von solch einem Traum erzählen. So wie ich jetzt einem Freund von meinem Traum erzählen könnte, meinem Traum, erstickt zu sein, meinem Traum, danach in meinem Bett aufgewacht zu sein, um das zu denken, was ich jetzt gerade denke. Diesen Traum würde er mir glauben, es wäre ein glaubhafter Albtraum. Und es ist möglich, dass ich ihn träume, noch immer träume, dass ich tatsächlich nicht aufgewacht bin, sondern noch schlafe.

Nur feststellen, ob es so ist, kann ich nicht. Gleichgültig, was gerade der Fall ist.

Was bedeutet das für mich?

Doch nur, wie irrelevant dieser Zweifel ist. Doch nur, dass dieser Zweifel keine Bedeutung hat, dass er ein leeres Gedankenspiel ist, bleiben muss, für mich, für jeden. Zeitverschwendung. Das zeigt es. Ich weiß es, denn ich habe schon oft mit diesem Zweifel Zeit getötet. Viel zu oft. Viel zu lange schon. Immer um diese Zeit. Ich will diesen Zweifel nicht, wollte ihn nie, aber er kommt immer wieder – mit dem Öffnen der Augen, mit dem ersten Licht, mit der Enge des Morgens, mit dem Traum im Kopf.

Du, Zweifel, du hast keine Bedeutung! Hast nur Bedeutung, wenn ich dir Bedeutung beimesse!

Ich weiß das. Kann es mir jeden Morgen wieder sagen. Er bleibt trotzdem da. Kommt immer wieder. Ich spüre diesen Zweifel jetzt, in meiner Brust, so sicher, wie ich spüre, wach und am Leben zu sein. Spüre seine Enge, seine Unvernunft, seine ganze Bodenlosigkeit.

Darin liegt seine Bedeutung. Für mein Leben. Mehr Bedeutung braucht er gar nicht.

Wonach ich suche, ist deshalb ein *Argument*, das diesen Zweifel widerlegt. Ihn für mich erstickt. Meine Augen vor ihm verschließt. Wie unvernünftig ist denn ein Zweifel, der sich nicht vernünftig ausräumen lässt? Wie unbegründet ein Gefühl, das ihn auf den Weg bringt? Ein Gefühl, das jeder kennt, der einen Albtraum hatte.

Ich kann dieses Argument, dieses Totschlagargument nicht finden, nicht einmal mehr verstehen, wie es gefunden werden könnte. Ich bin, in meinem Zweifeln, einer rationalen Argumentation nicht mehr zugänglich. Ich weiß das. Und sollte ich gestorben sein oder gerade tatsächlich träumen, wäre diese Einschätzung sogar vollkommen angemessen. Sie wäre die einzig realistische. *Das mach mal einem anderen klar!*

Und wenn ich nicht gestorben bin? Sondern meinen Tod nur geträumt habe und aus dem Traum erwacht bin? Wie steht es dann um mich? Wäre ich einer rationalen Argumentation dann noch zugänglich? In meiner jetzigen Situation? Wie könnte ich das feststellen?

Nur, indem ich einen Freund anrufe. Anderen Menschen von meinem Zweifel erzähle. Das ist die einzige Möglichkeit. Ich werde sie ergreifen. Noch heute. Sobald es hell ist. Wie schon so oft.

WAS PHILOSOPHEN DARÜBER DENKEN

Die Frage, ob das Leben nicht nur ein Traum sein könnte, ist so alt wie das Denken selbst. Als philosophischer Zweifel ist sie vermutlich deshalb so beliebt, weil kein Mensch, der sich diese Frage stellt, in dem Moment, in dem er sie sich stellt, ernsthaft glaubt, nur zu träumen, sich diese Frage zu stellen. Die Traumskepsis ist mit anderen Worten ein reines Gedankenspiel ohne praktische Konsequenzen. Allein schon dies macht sie philosophisch höchst verdächtig.

Sollte es allerdings tatsächlich ein menschliches Wesen geben, das sich selbst ernsthaft fragt, ob es gerade wach ist oder das alles nur träumt, so setzte es in diesem Fragen mindestens zweierlei voraus: Erstens, dass die Unterscheidung zwischen Traum und Wachzustand in seinem Leben einen vernünftigen Platz hat, mithin also, dass er oder sie aus eigener Erfahrung weiß, was es bedeutet, »wach zu sein« und »zu träumen«.
Zweitens, dass die Erfahrungen eines Traumes oftmals so authentisch sein können, dass sie von denen des Wachlebens nicht zu unterscheiden sind.
Ist bzw. wäre man erst einmal so weit, beide Punkte zuzugestehen, wird es in der Tat schwierig, ein gutes Argument gegen den Traumskeptizismus zu finden.

Philosophiegeschichtlich prominente Versuche, solch ein Argument zu formulieren, finden sich in den *Meditationen* von René Descartes (orig. 1641) oder, aktueller, in Norman Malcolms Buch *Dreaming* (London 1959) oder Hilary Putnams Artikel »Das Gehirn im Tank« (in: H. Putnam, *Vernunft, Wahrheit und Geschichte*, Frankfurt a. M. 1990).

Ich bin im Moment nicht hier

Guten Tag. Hier spricht der automatische Anrufbeantworter von Arno Vinx. Ich bin im Moment nicht hier. Bitte hinterlassen Sie eine Nachricht. Ich melde mich, sobald ich wieder zurück bin.

Arno, bist du zu Hause?

Ich bin es. Bitte geh ran! Ich weiß, du bist da.

Weshalb hast du einen neuen Spruch auf dem Anrufbeantworter? Die letzte Ansage fand ich viel besser. »Hinterlassen Sie Spuren auf dieser Maschine und in Ihrem Leben!«, das hatte Schärfe, Arno, war direkt und verblüffend. Echt denkwürdig. Aber der Spruch jetzt, ich weiß nicht recht: »Ich bin im Moment nicht hier.«

Überleg dir nur mal, was du da behauptest! »Ich bin im Moment nicht hier.« Arno, das nimmt dir doch niemand ab. Der Satz selbst verrät dich. Denn dieses »im Moment«, das bezieht sich doch zweifellos auf den Moment, in dem der Satz geäußert wird. Und das »hier«, Arno, bezieht sich auf den Ort, an dem der Satz geäußert wird. Und schließlich das Wörtchen »Ich«, Arno, das bezieht sich auf die Person, die diesen Satz äußert, also auf dich, Arno Vinx.

Das ist deine Stimme, deutlich zu erkennen.

Ich kann daraus also nur schließen, dass du in dem Moment, in dem du den Satz »Ich bin im Moment nicht hier« äußerst, ernsthaft behauptest, *nicht* an dem Ort zu sein, an dem du genau diesen Satz äußerst. Jetzt mal ganz unter uns, Arno, das kann nicht wahr sein. Sollte es wahr sein, müsstest du dich zum Zeitpunkt deiner Äußerung nämlich an einem anderen Ort befinden als die Äußerung, die du zu ebendiesem Zeitpunkt machst.

Es müsste folglich für eine Person möglich sein, an einem bestimmten Ort etwas zu sagen, ohne sich selbst an diesem Ort zu befinden.

Sag dir diesen Satz jetzt einfach noch einmal im Stillen vor! Du kannst ihn dir auch einfach nur denken, Arno: »Ich bin im Moment nicht hier.«

Das ist doch der pure Schwachsinn. Diese Äußerung kann nicht wahr sein, unter keinen Umständen. Niemals. Nirgendwo.

Ist sie auch nicht, denn du bist ja zu Hause und kannst mich jetzt hören. Ich weiß das, spüre es ganz deutlich.

Ist das also wieder eines von deinen Rätseln, die man erst lösen muss, um mit dir höchstpersönlich sprechen zu dürfen?

Komm schon, Arno, nimm ab.

Habe ich etwas übersehen, nicht begriffen?

Also gut, angenommen, du bist gerade tatsächlich um die Ecke gegangen, um Zigaretten zu kaufen, dann wäre deine Äußerung »Ich bin im Moment nicht hier« wahr. Soll ich das glauben? Bist du dir da sicher? Schließlich gibt es noch ein kleines Problem – ich würde mittlerweile sogar wetten, du hast es ganz bewusst in deine Ansage eingebaut, denn die Ansage setzt mit der Behauptung ein: »Hier spricht der Anrufbeantworter von Arno Vinx.«

Und wenn das stimmt, dann bist es nicht du, der sich da äußert und seine eigene Abwesenheit verkündet, sondern dein Anrufbeantworter. Die olle Maschine auf deinem Schreibtisch, die wäre dann der Autor der Äußerung, wäre das, worauf sich das Wörtchen »Ich« in der Äußerung bezieht.

Was soll das, Arno? Was wäre damit für dich gewonnen? Deiner Maschine geht es wie dir, die befindet sich im Moment meines Anrufes ebenfalls genau an dem Ort, an dem sie behauptet, *nicht* zu sein. Also da, wo ich anrufe, Arno. Bei dir zu Hause.

Die Maschine widerspricht sich genauso offensichtlich wie du. Am Ende bleibt es sowieso an dir hängen. Ich glaube nämlich nicht, dass dein Anrufbeantworter ernsthaft als Autor der Äußerung angesehen werden kann. Sonst wäre jedes Ladentürschild, auf dem steht »Ich bin im Moment nicht hier« oder »Ich bin gleich wieder da!«, auch als Autor der Mitteilung anzusehen. Und Ladentürschilder oder Zettel können sich, da sind wir uns doch einig, nicht eigenständig äußern.

Hinter jeder sinnvollen Mitteilung steht eine menschliche Stimme, Arno. Und diese Stimme, auf dem Band, ist deine Stimme! Du bist der Autor der Äußerung. Du behauptest, im Moment nicht zu Hause zu sein, was ich dir zwar nicht glaube, Arno, aber zugegeben, möglich wäre es.

Arno, einmal angenommen, du bist gerade tatsächlich nicht zu Hause, dann wäre deine Behauptung »Ich bin im Moment nicht hier« also wahr, wider alle Vernunft wahr, Arno. Das ist es doch, worauf du eigentlich hinauswillst …

Jetzt hör mir mal gut zu, denn irgendwann wirst du dieses Band sicher einmal abhören, darauf vertraue ich ganz fest, sonst würde ich es schließlich nicht besprechen, und diese Gewissheit, die bringt mich jetzt auf die Frage, Arno, *wann* du den Satz »Ich bin nicht im Moment nicht hier« eigentlich geäußert hast? Was würdest du selbst sagen, deiner Einschätzung nach, zu welchem Zeitpunkt du diese Äußerung gemacht hast?

War es in dem Moment, in dem du den Satz als neue Ansage aufnahmst, oder in dem Moment, als ich anrief und dein Anrufbeantworter sich automatisch einschaltete, um die Ansage abzuspielen?

Arno, es gibt hier nur zwei mögliche Äußerungszeitpunkte, den Aufnahme- oder den Abspielzeitpunkt. Und eines, Arno, eines ist klar: Zum Zeitpunkt der Aufnahme war der Satz »Ich bin im Moment nicht hier« falsch, eine glatte Lüge. Denn zu diesem Zeitpunkt warst du zu Hause, sonst hättest du den Satz ja gar nicht aufnehmen können mit der alten Kiste, die du als Anrufbeantworter hast. Die hat ja nicht mal Fernabfrage!

Bleibt dir also nur noch der Abspielzeitpunkt als eigentlicher Äußerungszeitpunkt. Aber was rede ich hier von *dem* Abspielzeitpunkt? Das müssen ja mehrere sein, für jeden eingehenden Anruf einer! Ich bin doch nicht der Einzige, der dich anruft und sich diesen Unsinn anhören muss.

Also gut, Arno, das macht also pro Anruf eine neue Äußerung mit dem Wortlaut »Ich bin im Moment nicht hier«.

Wenn es zutrifft, dass du in dem Moment, in dem die Message abgespielt wird, nicht zu Hause bist, und du bist derjenige, auf den sich das Wörtchen »Ich« in der Ansage bezieht, dann ist der Satz wahr. Dann befindest du dich zum Zeitpunkt dieser deiner Äußerung tatsächlich nicht an dem Ort, an dem du dich äußerst. Dann bist du im Moment dieser deiner Äußerung nicht da, wo deine Äußerung ist, bist *du während und in deiner eigenen Äußerung abwesend.*

Glückwunsch, Arno.

Das macht dir so leicht keiner nach.

Und wenn das stimmt, wäre es sogar möglich, dass sich ein Mensch permanent an einem Ort äußert, buchstäblich an diesem Ort etwas sagt, obwohl er selbst noch nie in seinem Leben an diesem Ort gewesen ist.

Arno, stell dir nur mal vor, du hättest eine Telefonnummer auf den Osterinseln, Arno, hättest sie dort auf deinen Namen anmelden lassen, und jeder, der dort anruft, bekommt einen Anrufbeantworter mit dieser Nachricht zu hören.

Arno, möglicherweise könntest du auch alle Anrufe an deine Berliner Nummer automatisch auf diese Osterinselnummer umleiten lassen und dir die entstehenden Verbindungskosten auch noch selbst gutschreiben, wie bei diesen hundsgemeinen Handy-Tricks. Ich weiß, du kennst da ein paar Leute, die so etwas können. Und jeder, der dich anruft, hört dich dann sagen: »Ich bin im Moment nicht hier.«

Das wäre vollkommen wahr. Du würdest von den Osterinseln aus deine eigene Abwesenheit verkünden, hättest wahr gesprochen, niemanden angeschwindelt.

Sind das die Osterinseln, Arno?

Hallo?

Und noch etwas. Wenn wirklich der Zeitpunkt des Anrufes als Äußerungszeitpunkt gilt, dann kannst du sogar dann noch deine eigene Abwesenheit verkünden, wenn du nicht mehr unter uns weilst, nicht mehr hier auf Erden bist, Arno. Die Nummer auf den Osterinseln könnte ja einfach weiterlaufen, bis in alle Ewigkeit, und verkünden: *Guten Tag. Hier spricht der automatische Anrufbeantworter von Arno Vinx. Ich bin im Moment nicht hier. Bitte hinterlassen Sie eine Nachricht. Ich melde mich, sobald ich wieder zurück bin.*

Das hätte fast schon, wie soll ich sagen, etwas Messianisches.

Falsch wäre es jedenfalls nicht. Und wer weiß, Arno, vielleicht kämst du ja irgendwann tatsächlich zurück. Ich glaube, wie gesagt, dass du nie weggegangen bist, Arno, und dass du im Moment genau da bist, wo ich dich jetzt anrufe. Arno? Ha…

Vielen Dank. Ihre Mitteilung wurde aufgezeichnet.

Ich bin *im Moment* nicht *hier*

Guten Tag. Hier spricht der automatische Anrufbeantworter von Arno Vinx. Ich bin im Moment nicht hier. Bitte hinterlassen Sie eine Nachricht. Ich melde mich, sobald ich wieder zurück bin.

Arno, hallo? Noch einmal ich.

So ganz verstehe ich deine Ansage noch immer nicht. Ehrlich gesagt, begreife ich noch nicht einmal, wen oder was du eigentlich meinst, wenn du behauptest: »*Ich* bin im Moment nicht hier.«

Du schweigst, ziehst vor, durch Abwesenheit zu glänzen.

Habe ich mir schon gedacht. Deshalb mache ich dir jetzt einen Vorschlag: Mit diesem Wörtchen »Ich« meinst du nichts anderes als deinen Körper, Haut und Haare, den vollen leibhaftigen Arno. Schau dich an, leg dir den Finger auf die Brust und sage »Das bin Ich, wann immer ich von diesem Ich spreche, so spreche ich eigentlich von diesem meinem Leib. Und wo immer er sein mag, da bin auch Ich.«

Arno, ist es so?

Ich mache mir langsam echt Sorgen um dich. Willst du dich nicht melden oder kannst du nicht? Hat es dir die Sprache verschlagen, Arno, liegst du gerade im Bett und kannst dich nicht bewegen?

Ich habe von solch einem Fall kürzlich gelesen. Da ist ein junger Mann, unser Alter, Arno, eines Morgens aufgewacht, wollte seinen Arm heben, aber da kam keine Reaktion. Und so für jedes Körperteil, von der Zunge bis zur Sohle, Arno.

Er war von seinem Körper abgeschnitten, wie unter Ganzkörpernarkose. Stell dir das mal vor!

Der junge Mann hatte allerdings ziemlich schwere Drogenprobleme. Du nimmst doch keine Drogen, keine schweren Drogen, Arno?!

Ich glaube nicht, dass dies dein Zustand ist, sonst würde ich ja sofort auflegen und zu dir eilen; vielmehr glaube ich, du bist putzmunter zu Hause, hörst mir zu und denkst gar nicht daran, ans Telefon zu gehen. Aber einmal angenommen, du liegst jetzt tatsächlich absolut bewegungsunfähig, ja ohne irgendeinen spürbaren Kontakt zu deinem Körper im Bett, starrst an die Decke und denkst »Ich würde gerne antworten«, denkst »Ich bin echt in einer miesen Lage«.

Arno, dann würde sich dieses »Ich« ganz sicher nicht auf deinen Körper beziehen, denn von deinem Körper wüsstest du nichts mehr. Soweit es dich betrifft, könnte der Körper, der da im Bett liegt, auch der Körper von jemand anderem sein, Arno, oder ein solcher Körper in deinem Bett könnte einfach fehlen, wie auch immer, für dich wäre das vollkommen gleichgültig, denn du wärst von deinem Körper vollständig abgeschnitten.

Das, was dein Ich ausmacht, bestünde in diesem Moment also aus nichts anderem als deinen Ich-Gedanken. Du erführest dich als rein denkendes Ding, Arno. Und dass du überhaupt noch da bist, Arno, das wüsstest du nur über die Gedanken, die du gerade denkst.

Wie gesagt, ich glaube nicht, dass dies dein jetziger Zustand ist, und ich wünsche ihn dir auch nicht, Arno, obwohl ich langsam wirklich ein bisschen wütend auf dich werde. Aber eines ist angesichts dieser Möglichkeit doch ziemlich klar: Mit dem Wörtchen »Ich« kann nicht dein eigener

Körper gemeint sein. Dieses »Ich« ist von deinem Körper grundsätzlich verschieden.

Du könntest in diesem Zustand zum Beispiel auch den gleichen Satz denken, der sich auf deinem Anrufbeantworter befindet, »Ich bin im Moment nicht hier«, Arno, und in diesem Fall wäre deine Äußerung auf dem Anrufbeantworter sogar wahr.

Arno, wenn sich dieses »Ich« nicht auf deinen Körper bezieht, stimmt deine Ansage vermutlich sogar immer, ganz egal, wann du es sagst oder denkst, ganz egal, wo sich dein Körper gerade befindet, und ganz egal, ob du ihn willentlich bewegen kannst oder nicht, Arno, denn wenn sich dein »Ich« nicht auf deinen Körper bezieht und ganz unabhängig von ihm gedacht werden kann, ist es ausgesprochen unklar, wo sich dieses »Ich« befinden soll.

Arno?

Dann ist dieses körperlose denkende »Ich« ortlos! Nimmt keinen Raum ein, ist nicht ausgedehnt, unauffindbar! *Dann ist dieses denkende »Ich« buchstäblich nicht von dieser Welt!*

Und deine Behauptung, »Ich bin im Moment nicht hier«, wäre nicht etwa notwendig falsch, sondern im Gegenteil notwendig wahr, und zwar für jedes denkende Ich.

Oder gibt es doch einen Ort, wo dein Ich zu Hause ist, wo es sich finden lässt? Arno, etwa dein geistiges Privatgemach, jener Raum, in dem ich dich zwar anrufen kann, Arno, in dem es aber ganz dir überlassen bleibt, ob du antwortest oder nicht, jener Raum, zu dem nur du Zugang hast, Arno? Meinst du mit »Ich« vielleicht jemanden oder etwas, das sich in diesem deinem Innenraum aufhält, sich dort eingenistet hat, jemanden, zu dem nur du kraft deiner Fähigkeit zur Innenschau Zugang hast, Arno?

Ich weiß natürlich nicht, wie es bei dir ist, aber wenn ich mir mein Innenleben hin und wieder genauer betrachte, wenn ich in mich gehe, um aufmerksam zu beobachten, was da drinnen so los ist, Arno, dann ist das Einzige, was ich dort finde, ein nicht enden wollender Strom von bestimmten Gefühlen, Wahrnehmungen und Gedanken.

Ich habe dort schon alles Mögliche gesehen. Dinge, die es tatsächlich gibt, und auch jede Menge Dinge, die es nicht gibt. Aber ich habe da drin noch nie irgendetwas gesehen, das nach einem »Ich« oder »Selbst« ausgesehen hätte.

Ich finde dieses Ding dort einfach nicht, kann es nicht entdecken. Keine Spur davon. Ich habe nicht einmal eine konkrete Vorstellung davon, wie es aussehen, wonach ich suchen könnte.

Arno, dein Körper ist es offensichtlich nicht, den du meinst, wenn du »Ich« sagst, und dein Denken und Fühlen ist es auch nicht. Aber wen oder was meinst du dann damit?

Meinst du, wenn du »Ich« sagst, möglicherweise einfach dieselbe Person, die ich meine, wenn ich »Arno Vinx« sage? Verwendest du, Arno, das Wort »Ich« einfach wie einen *Namen*, mit dem du dich auf die Person beziehst, auf die sich andere Menschen mit dem Namen »Arno Vinx« beziehen, also auf den leibhaftigen Arno, geboren am Soundsovielten in Soundso, Grundschule hier, Gymnasium da, Arno, studiert, na klar, zwei Exfreundinnen in Berlin, derzeit solo.

Sag doch was! Bist du doch auf Droge? Hast du was genommen? Du kannst es mir ruhig sagen! Stehst du gerade total neben dir, Arno, wie schlimm ist es?

Hältst du dich gar für eine andere Person und nimmst vielleicht deshalb nicht ab, weil du dich einfach nicht angesprochen fühlst? Arno, weil du dich, was weiß ich, Arno, zum Beispiel für Jacques Derrida hältst? Du, Jacques/Arno, stehst also neben deinem Anrufbeantworter im Wohnzimmer, denkst »Ich höre gerade die Stimme von jemandem, der mich offensichtlich für einen gewissen Arno hält, wie seltsam«, Arno, denkst »Ich werde nicht antworten«. Vielleicht denkst du jetzt sogar auf Französisch, »Je ne vais pas répondre«, Arno, denkst »Ich habe Durst«, denkst »J'ai soif«.

Das alles denkst du, und Arno, um zu wissen, *wer* dies denkt und fühlt, musst du nicht wissen, welche Person du in Wirklichkeit bist! Du weißt ja im Moment ganz genau, wer meine Stimme hört, wer Durst hat und wer nicht ans Telefon gehen will, nämlich *du*!

Um zu wissen, dass du es bist, der Durst hat, musst du nicht wissen, *wer* du bist! Arno, es ist so einfach. Und daraus kann ich nur schließen, dass du mit deiner Verwendung von »Ich« *nicht eine bestimmte Person meinst.*

Hallo, bist du da, irgendwie anwesend?

Arno, meine Redezeit läuft ab. Das Band ist gleich zu Ende. Ich werde dich nicht noch einmal anrufen. Jetzt bist du dran, mir zu erklären, wovon du eigentlich sprichst, wenn du das Wörtchen »Ich« in den Mund nimmst. Ich kann es mir nicht erklären.

Vielleicht liegt der Fehler einfach in dem Glauben, dieses Wort müsste sich überhaupt auf etwas Bestimmtes beziehen, es müsse für etwas, ein Ding, eine Substanz, einen Prozess, ein Gefühl stehen. Was meinst du, Arno?

Wenn ich zum Beispiel sage »Es regnet« oder »Es dämmert«, dann frage ich ja auch nicht, wer oder was mit diesem »Es« gemeint ist. Es regnet halt, und dämmert. So ist *es.*

Arno, und genauso könnte es sich ja auch mit dem »Ich denke« verhalten. So langsam, glaube ich, verstehe ich deine Ansage.

Es denkt hier jetzt weiter, Arno. Danke für dein Schweigen. Und wenn du wieder zu Hause bist, oder wenn dir danach ist, ruf mich doch bitte zurück. Es wäre echt schön, mal wieder mit dir persönlich zu sprechen. Außerdem hatte ich gestern einen seltsamen Traum und würde gerne wissen, was du von ihm hältst. Bis dann. Am Telefon war Ich.

WAS PHILOSOPHEN DARÜBER DENKEN

Worte wie »hier«, »jetzt« oder »dort« werden in der Sprachphilosophie und der Sprachwissenschaft sehr allgemein als indexikalische (bzw. deiktische) Ausdrücke bezeichnet. Diese indexikalischen Ausdrücke sind in der Sprache praktisch allgegenwärtig. Tatsächlich ist unklar, wie eine natürliche Sprache ohne solche Ausdrücke auskommen sollte. Allerdings weisen diese indexikalischen Ausdrücke einige Besonderheiten auf, die vor allem Sprachphilosophen leicht Kopfzerbrechen bereiten und für manche Paradoxie gut sind. Insbesondere lassen sich diese Ausdrücke nicht unabhängig von der Situation verstehen, in der sie verwendet werden.
Diese Besonderheit teilen indexikalische Ausdrücke mit dem Wörtchen »ich«, was allerdings nicht unbedingt heißen muss, das Personalpronomen »ich« sei selbst nichts anderes als ein indexikalischer Ausdruck. Ob das so ist oder nicht, ist eine hochinteressante Frage – eine von vielen in diesem Bereich.

Die vorliegende Geschichte wurde angeregt durch einen Artikel des Philosophen Allan Sidelle (»The Answering Machine Paradox«, *Canadian Journal of Philosophy*, 1991, S. 21).
Eine klare Einführung in die sprachphilosophische Problematik der indexikalischen Ausdrücke bietet Ernst Tugendhats und Ursula Wolfs *Logisch-semantische Propädeutik* (Stuttgart 1993).

Unter Billardgöttern

Die einen nannten ihn ein Original, viele schlicht einen Spinner. Einige Sekretärinnen gaben sogar an, Angst vor ihm zu haben. Angeblich wohnte er noch bei seiner Mutter und beschäftigte sich intensiv mit Wissenschaftstheorie. Andere wiederum behaupteten, der Mann aus der Buchhaltung schreibe seit Jahren an einem Nostradamus-Buch. Doch will ich nur aus eigener Erfahrung sprechen.

Ich hatte Viktor eines Mittags in der Kantine kennen gelernt, wo er allein am Tisch saß, leicht wippend, als lausche er seiner ganz persönlichen Glücksmelodie. Er war ausgesprochen offen und bot selbst einem Praktikanten wie mir sofort das Du an. Man konnte sich mit ihm, wie ich bald feststellte, über so gut wie alles und gerade belangloseste Dinge bestens unterhalten, sobald das Gespräch aber auf das Thema Billard kam – was irgendwie immer geschah –, nahm seine Stimme einen veränderten Ton an.

Schlichtweg einzigartig und kulturell skandalös unterschätzt sei dieses Spiel. Die endlose Selbstgeduld des Golfs, die analytische Voraussicht des Schachs, die fokussierte Verlorenheit des Bogenschützen und das dialogische Wettkampfgespür des Tennis, all dies, erklärte Viktor wie im Rausch, vereine nämlich das Billard und nur das Billard in sich, worauf er sich in langen Exkursen über das so genannte Drei-Körper-Problem, die modallogischen Kniffe kontrafaktischen Räsonierens, Bayes-Theoreme sowie die intrikate Suche nach dem reflektierten Gleichgewicht bei der Wahl zwischen halben oder ganzen Kugeln verlieren konnte.

Ich verstand von alldem, um ehrlich zu sein, kaum ein Wort, aber es war stets eine Freude, Viktor in seiner Begeisterung zu folgen. Und jeden einzelnen seiner Vorträge pflegte er dann feierlich mit dem Satz abzuschließen: *»Denn Billard, Billard ist nichts anderes als die Wissenschaft, zukünftige Ereignisse durch ihre Ursachen zu kontrollieren.«*

Über die Jahre war dieser Satz in der Firma zu einem geflügelten Wort, ja zu so etwas wie einer Unternehmensphilosophie geworden. Und tatsächlich – hatte man sich erst einmal auf diesen Satz eingeschwungen, traf er auf jede Tätigkeit und jeden Lebensbereich zu. Ob beim Zähneputzen, beim Flirt in der Disco, beim Personalgespräch oder im High-Tech-Labor, überall ging es doch letztlich nur um eines: um die Kontrolle zukünftiger Ereignisse durch ihre Ursachen. Ich hatte Billard zuvor immer für eine Art Erwachsenenmurmeln gehalten. Aber ganz offenbar war da mehr dran an Viktors Billardphilosophie, weshalb ich an einem der letzten Tage meines Praktikums fragte, ob er mir zum Abschluss das Spiel nicht einmal in der Praxis zeigen, vielleicht sogar beibringen könne.

Wir verabredeten uns für den gleichen Abend in Viktors Stammkneipe, dem »Sceptic«. Er nahm sein Queue feierlich aus einem dunklen Lederkoffer, fügte es sorgsam zusammen und fragte mich: »Du hast wirklich noch nie zuvor gespielt?«

»Nein, aber die Regeln kenne ich grob. Es gibt halbe und ganze Kugeln sowie die schwarze Acht. Wer mit seinem Stoß eine eigene Kugel versenkt hat, darf am Tisch bleiben, und sind alle eigenen versenkt, kommt die schwarze Acht dran. Wird sie versenkt, ist das Spiel gewonnen. Lass uns doch gleich eine richtige Partie versuchen.«

»O. k., für den Anfang reicht das an Regeln. Nur eins

noch. Hier im ›Sceptic‹ spielen wir mit Ansagen, das heißt, du musst vor dem spielentscheidenden Stoß ankündigen, in welche Tasche du die schwarze Acht versenken wirst. Zwei Spiele entscheiden eine Partie.«

»Fang du an, du bist hier der Chef.«

Viktor holte die Dreiecksform unter dem Tisch hervor, ordnete die Kugeln zügig an, legte die weiße Kugel auf den Anspielpunkt und sorgte mit einem strammen Stoß dafür, dass sich das bunte Dreieck weit über den Tisch verstreute.

Obwohl drei volle Kugeln ganz dicht vor den Löchern lagen, war keine einzige versenkt worden. Mit einem leisen, zufriedenen Grunzlaut nahm Viktor auf seinem Eckhocker Platz. Offensichtlich war nun ich an der Reihe.

Wie gesagt, die drei vollen Kugel lagen so günstig, dass selbst ein absoluter Anfänger wie ich keine Schwierigkeiten hatte, sie zu versenken. Ein leichter Impuls genügte, und schon verschwanden sie in den Taschen. Mein dritter Stoß allerdings geriet viel kräftiger als gewollt, so dass die weiße Kugel mit Tempo zurück in die Tischmitte lief, dort auf eine weitere volle Kugel prallte, welche sich daraufhin lächerlich langsam in einem Mittelloch verlor.

»Alles unter Kontrolle. Wenn es so weitergeht, bist du chancenlos.«

»Weshalb sollte es so weitergehen?«, kam es flachsend aus der Ecke.

»Na, bisher war jeder Billardstoß in meinem Leben ein Treffer, da ist doch glasklar, wie es weitergeht. Die nächsten Stöße sitzen ebenfalls.«

»Ein sehr mutiger Verstandesschluss«, erwiderte Viktor und kratzte sich an der Schläfe. »Soweit ich weiß, folgt aus der Tatsache, dass etwas bisher immer so gewesen ist, noch lange nicht, dass es auch in Zukunft so sein wird.«

»Ich finde, meine Chancen stehen ausgezeichnet. Bisher spricht alle Erfahrung für mich.«

»Von welchen Chancen redest du?«

»Meinen Chancen, den Champion gleich beim ersten Versuch zu schlagen. Wollen wir wetten?«, sagte ich in meinem (mir heute kaum noch verständlichen) Überschwang.

»Jetzt hör mir mal gut zu, ich habe an diesem Tisch seit drei Jahren keine Partie mehr verloren, und du willst mich ernsthaft fordern? Es ist nicht meine Art, Jungfüchsen wie dir Geld aus der Tasche zu ziehen.«

Offenbar hatte ich Viktor in seiner Billardehre gekränkt, aber es gab in dieser Situation, das war klar, nur noch die Flucht nach vorn.

»Dann machen wir eben eine Quote, Viktor, 1:100, 2 Mark von mir, falls du gewinnst, 200 von dir, falls ich gewinne. Wie lange, sagtest du, hast du an diesem Tisch nicht verloren?«

»Seit dieser Tisch hier steht, 1856 Partien, wenn du es genau wissen willst, bei David am Tresen liegt die Strichliste.«

»Na, wenn schon, daraus folgt ja noch lange nicht, dass du die nächste Partie auch gewinnen wirst. Also, was sagst du?«

»Spiel«, nickte Viktor angewidert.

Der folgende Stoß bedeutete eine ganz andere Herausforderung. Die Weiße musste in einer langen Diagonalen über den Tisch laufen, um dort eine volle Grüne auf gerader Linie ins Loch zu befördern. Ich hatte keine Erfahrung mit solch langen Stößen und deshalb auch keine Ahnung, wie der Stoß am geschicktesten anzusetzen wäre. Allerdings blieben Kugeln doch Kugeln und Holzstöcke Holzstöcke. Es galten auch beim Billard gewisse Stoßgesetze, die gleichen wie damals beim Murmeln im Kindergarten, und von ähnlichen Ursachen sind bei ähnlichen Objekten auch ähnliche Wirkungen zu erwarten. So viel sagte einem der gesunde Menschenverstand.

Ich konnte keinen Drall und keine Winkel wollen, also versuchte ich die Weiße zentral zu treffen und möglichst zentral auf die volle Grüne prallen zu lassen. Zwar traf ich die Kugel viel weiter oben als gewollt, doch schien dies einen positiven Effekt zu haben, denn am Ende fiel die Grüne wie erhofft in die Tasche.

»Siehst du, es geht auch ohne jahrelange Erfahrung«, sagte ich bester Stimmung. »Ein bisschen motorisches Talent und gesunder Menschenverstand reichen aus. Die Gesetze der Physik gelten auch beim Billard, man muss sie eben nur geschickt für sich zu nutzen wissen. Wie du immer so schön sagst: Ereignisse durch ihre Ursachen kontrollieren.«

»Dass bisher alle Billardkugeln diesen Gesetzen gefolgt sind, bedeutet noch lange nicht, dass dies auch in Zukunft so bleiben muss«, raunte Viktor vielbedeutend.

»Also, Viktor, wenn du jetzt wirklich auf eine urplötzliche Änderung der Naturgesetze hoffst, kannst du mir die zwei Mark auch gleich geben.«

»Was weißt du Spund denn von Stoßgesetzen und ihrer Geltung? Und vor allem, woher weißt du von ihnen?«, hakte Viktor nach.

»Aus der Erfahrung, woher denn sonst?«

»Und woher weißt du, dass diese Gesetze auch weiterhin gelten werden?«

»Bisher haben sie noch jedes Mal gegolten, wenn zwei Kugeln gegeneinander prallten.«

»Bisher habe ich an diesem Tisch auch noch jede Partie gewonnen.«

»Und ich mit jedem Stoß an diesem Tisch getroffen!«

»Na, wenn es so einfach ist, dann sitzt dein nächster Stoß todsicher auch«, höhnte Viktor und wippte auf seinem Hocker hin und her. Er hatte offenbar bereits gesehen, was ich erst jetzt erkannte.

Meine nächste Aufgabe war praktisch unlösbar. Eine eng anliegende Dreiergruppe, zwei halbe und eine volle Kugel, versperrte der Weißen jeden Spielraum. Mir blieb nichts übrig, als die Gruppe zu zersprengen und einfach das Beste zu hoffen.

»Kommt da noch was?«, erkundigte sich Viktor.

»Ruhe, ich suche meinen Fokus.« Und auf diese Worte stieß ich mit geschlossenen Augen zu. Ich hörte den Aufprall, Kugeln schwirrten über den Filz, und ich öffnete meine Augen gerade noch rechtzeitig, um zu sehen, wie eine lilafarbene Volle links vorne in der Tasche verschwand.

»Danke dem Billardgott auf Knien!«, winkte Viktor ab.

»Was heißt hier Billardgott? Es sollte, es musste so kommen, Viktor. Alles determiniert, alles festgelegt, Ursache und Wirkung, dagegen gibt es kein Mittel.«

»Du solltest Lotto spielen, nicht Billard.«

»So, meinst du, dann sieh jetzt mal genau hin. Denn meinen nächsten Stoß, den sage ich dir freiwillig an. Ich werde die Blaue über drei Banden anspielen, hier, kurz, lang, kurz, und dann hinten rechts rein.« Ohne auch nur eine weitere Sekunde über diesen Plan nachzudenken, stieß ich zu. Meine Erfolgschancen mögen damals a priori (was auch immer das im konkreten Fall hätte heißen können) etwa bei 1:100 000 gelegen haben, aber es geschah tatsächlich das Unmögliche. Wie an magischen Fäden gezogen, nahm der Stoß exakt seinen geweissagten Lauf.

Auf einmal war es ganz still im »Sceptic«.

Viktor schwieg in der Ecke mit eisigen Augen.

Es fiel mir schwer, das Geschehen mit dem Wirken meines Billardqueues in Verbindung zu bringen. Vielmehr schien es mir in diesem Moment tatsächlich, als habe der allmächtige Billardgott selbst seine Hände im Spiel gehabt, als habe ER, nicht ich, die Kugeln auf ihre Erfolgsbahn gelenkt. Von Ereigniskontrolle konnte aus meiner Sicht jedenfalls keine Rede sein, ja, ich hatte echte Zweifel, dass es an diesem Tisch überhaupt noch mit rechten Dingen zuging.

Ich sah mich ungläubig um, suchte nach einer versteckten Kamera oder Ähnlichem, klopfte von unten auf den Tisch, hob die versenkte Kugel aus der Tasche. Nichts Ungewöhnliches zu entdecken. Ich versuchte deshalb, mir den ganzen Vorgang noch einmal so vorurteilsfrei wie möglich vor Augen zu führen.

Kein Zweifel, mit der Berührung des Queues hatte sich die weiße Spielkugel in Bewegung gesetzt, war darauf stramm über drei Banden gelaufen und hatte schließlich die Blaue getroffen, die sich daraufhin ebenfalls in Bewegung gesetzt hatte, bis sie in der Tasche verschwand.

Das war es, was ich mit eigenen Augen gesehen hatte. Nicht mehr, nicht weniger. Vor allem hatte ich, je genauer ich es überlegte, *nicht* gesehen, wie mein Queue seinen Stoßimpuls an die weiße Kugel weitergab, und auch nicht, wie die weiße Kugel die Bewegung der blauen *bewirkte.* Was ich gesehen hatte, war lediglich, dass diese Ereignisse direkt aufeinander *gefolgt* waren. Und mehr konnte auch Viktor nicht gesehen haben, denn mehr, fiel mir in diesem Moment auf, gab es für ein menschliches Auge bei solchen Aktionen gar nicht zu sehen, weder beim Billard noch beim Murmeln, noch sonst wo. Das war wirklich alles, was es bei solchen Spielen zu beobachten gab: Der Stoß einer Kugel wird begleitet von einer Bewegung der zweiten.

Wahrscheinlich muss man solche Vorgänge nur oft genug im Leben gesehen haben, und schon glaubt man, es könne nicht anders kommen, da müsse irgendein Gesetz im Spiel sein: Schon bildet man sich ein, das vorangehende Ereignis *bewirke* dann das nächste. Dabei folgen diese Ereignisse in Wirklichkeit nur unmittelbar aufeinander – was ja gar nichts bedeuten muss. Vor allem muss es nicht bedeuten, dass solche Ereignisse beim nächsten Mal wieder aufeinander folgen. Denn nur weil sich etwas bislang immer so verhalten hat, da hatte Viktor ja vollkommen Recht, muss das noch lange nicht heißen, dies werde sich auch in Zukunft so verhalten. (Das alles kann ich jetzt so erzählen, aber in dem Moment, als mich diese Einsicht zum ersten Mal überkam, war sie wirklich tief verunsichernd.)

Soweit ich mich erinnere, fragte ich Viktor damals: »Hast du das gerade gesehen? Wie kommst du eigentlich darauf, bei diesem Spiel ließen sich ›zukünftige Ereignisse durch ihre Ursachen kontrollieren‹? Nach meiner Erfahrung geschieht an diesem Tisch nichts anderes, als dass eine Kugel eine andere berührt, worauf die zweite dann weiterrollt und macht, was sie will – oder meinetwegen auch, was der Billardgott gerade will.« Viktors Mund formte sich darauf zu einem spitzen Lächeln: »So wie du spielst, verstehe ich deine Zweifel durchaus. Deine letzte Kugel, bitte.«

Was soll ich sagen? Die schwarze Acht lag nicht mal schlecht. Nach dem zu urteilen, was zuvor geschehen war, eigentlich ein Klacks. Aber es gelang mir nicht mehr, mich auf das Spiel zu konzentrieren. Vor allem schien mir in diesem Moment nichts haltloser als eine Voraussage, in welchem Loch meine schwarze Acht wohl versinken würde.

Mein Stoß streifte die Schwarze ganz schwach. Ich fühlte keine Enttäuschung, eher Erleichterung.

Viktor trat darauf aus der Ecke, gab mir einen kurzen Klaps auf den Rücken, kreidete in aller Ruhe das Queue und begann sein Spiel. Er war ein echter Könner und offenbar nicht mehr gewillt, an diesem Abend noch irgendetwas in die Hände des Billardgottes zu legen.

Zu Beginn des zweiten Spiels musste ich noch einmal kurz aufstehen. Den Rest der Partie sah ich staunend zu, wie die Kugeln über das grüne Tuch liefen und, von zufriedenen Grunzlauten begleitet, eine nach der anderen in den Löchern verschwanden. Ein Revancheangebot lehnte ich dankend ab, worauf Viktor sich weigerte, die gewonnenen zwei Mark anzunehmen. Irgendwie war die Stimmung dahin.

Wir verabschiedeten uns direkt vor der Kneipe. Kleinlaut bedankte ich mich für die Erfahrung. »Keine Ursache«, erwiderte Viktor, ohne zu lächeln, und verschwand mit seinem Koffer in der Dunkelheit.

Ich habe ihn nach diesem Abend nie wieder gesehen. Und seither auch nie wieder einen Billardpub betreten. Lotto hingegen spiele ich gelegentlich noch.

WAS PHILOSOPHEN DARÜBER DENKEN

Der Mensch, heißt es, wird nur aus Erfahrung schlau. Wer aus der Erfahrung lernt, zieht aus etwas, das in der Vergangenheit der Fall gewesen ist, gewisse Schlüsse darüber, was in Zukunft der Fall sein wird. Man nennt solche Schlüsse in der Wissenschaftstheorie auch *induktive Schlüsse*.

Eine äußerst knifflige Frage ist nun, wie sich solche induktiven Schlüsse eigentlich vernünftig rechtfertigen lassen. Schließlich beruhen sämtliche induktiven Schlüsse – und damit die gesamte menschliche Naturwissenschaft mit ihren Prognosen – auf einer einzigen grundlegenden Annahme: nämlich der, dass unsere zukünftigen Erfahrungen unseren vergangenen Erfahrungen in relevanter Weise ähnlich sein werden.

Diese Fundamentalannahme aber lässt sich, wenn überhaupt, selbst nur aus der Erfahrung und damit eben induktiv stützen. Sie taugt deshalb nicht zur Rechtfertigung induktiver Schlussverfahren. Außerdem ist es ja nicht so, dass wir bei allen Ereignissen und Sachverhalten, die sich wiederholt haben und eine gewisse Regelmäßigkeit aufweisen, gleich den Schluss zögen, es müsse sich in Zukunft wieder so verhalten.

Die Tatsache, dass die letzten drei Tage die Sonne schien, rechtfertigt für sich genommen noch lange nicht die Erwartung, morgen werde wieder schönes Wetter sein. Genauso wenig wie etwa die Tatsache, dass ein gewisser Mensch noch jede Billardkugel versenkt hat, die Prognose rechtfertigt, er werde auch in Zukunft jede Kugel versenken.

Worin unterscheiden sich nun Fälle, in denen wir induktive Schlüsse und Prognosen für vernünftig halten, von Fällen, in denen wir sie für haltlos erachten? Liegt es wirklich nur an der Häufigkeit der jeweils wiederholten Erfahrung?

Das so genannte Induktionsproblem geht auf den Philosophen und Billardnarren David Hume zurück, nachzulesen in seinem Werk *Eine Untersuchung über den menschlichen Verstand* (engl. orig. 1748; Stuttgart 2003). Eine sehr gute Einführung in die philosophische Teildisziplin der Wissenschaftstheorie bietet Alan F. Chalmers *Wege der Wissenschaft* (Berlin 2001).

Proaktiv im Regen

Kennen Sie das, wenn Ihnen ein einziger Begriff, eine einzige Formulierung die Augen öffnet? Ebendie Einsicht auf den Punkt bringt, nach der Sie schon immer gesucht haben? Oh, Verzeihung. Ich sollte mich zunächst vorstellen. Mein Name ist Wladimir. Vermutlich wissen Sie, wie ich aussehe. Noch vor wenigen Wochen hing ich an Ihrem U-Bahnhof herum. Jeden Tag saß ich dort in der Ecke. Ungepflegt. Tat nichts. Ohne Antrieb und Ziel. Doch das ist vorbei. Ein für alle Mal. Ein Buch, ein einziger Gedanke darin, hat mein Leben verändert. Es lag auf der Bank, am Bahnsteig. Irgendjemand hatte es liegen lassen. Eigentlich wollte ich mich nur hinsetzen, es gar nicht lesen, aber der Titel sprach mich sofort an: *Sieben Tugenden höchst erfolgreicher Karrieremenschen.* Ich habe das Werk noch auf besagter Bank verschlungen. Und es hat mir wirklich die Augen geöffnet. Seit diesem Tag ist mein Leben ein anderes. Seit dem Tag handele und denke ich nämlich konsequent proaktiv. Darin liegt der eigentliche Schlüssel zum Erfolg, steht in dem Buch. Dieses ewige Warten, diese Passivität und die Sinnlosigkeit, die aus ihr folgt – mit all dem, was mich über die Jahre krank gemacht hat, mich herunterzog, mich hinderte, groß rauszukommen, ist es jetzt vorbei. Denn:

Nur wer reagiert, ist fremdgesteuert!
Nur wer reagiert, wird Opfer!
Nur der Reaktive fühlt sich wie bestellt und nicht abgeholt!
Reagieren heißt verlieren!

Diese Leitsätze standen in dem Buch. Und ich wiederhole sie mir jeden Morgen vor dem Spiegel. Gleich nach dem Aufstehen. Seither spüre ich, wie es mit mir aufwärts geht. Die entscheidende Frage ist einfach nur, ob man sich selbst reaktiv oder proaktiv verhält. Im Prinzip gibt es nur eine einzige Einsicht, die es unbedingt zu verinnerlichen gilt: Die eigentlich erfolgsgarantierende Handlung muss dem entscheidenden Ereignis vorausgehen! Weit vorausgehen.

Das gilt im geschäftlichen wie im privaten Bereich. Wenn Sie die Dinge erst einmal auf sich zukommen lassen, haben Sie schon so gut wie verloren. Zum richtigen Zeitpunkt ist schon zu spät. Nein. Ihre proaktive Steuerung muss früher einsetzen. Frühestmöglich. Sie müssen den Lauf der Dinge im Voraus für sich bestimmen und reflektieren, nicht erst, wenn es tatsächlich so weit ist, nicht erst, wenn die Probleme konkret anstehen oder Sie gar zum Handeln gezwungen sind. Darin liegt der gefährliche Fehlschluss. Proaktiv mögliche Probleme antizipieren und sich schon im Voraus überlegen, wie man für sich das Maximale aus solchen Situationen herausholt. So läuft das Business heute!

Ich nenne Ihnen ein ganz einfaches Beispiel: Es gibt da diesen Chef, sein Name ist Godot, ein feiner, meisterhafter, höchst einflussreicher, von allen beneideter, mit einem Wort, ein wirklich reicher Geschäftsmann. Mit dem würde ich gerne ins Geschäft kommen, dem würde ich gerne meine neuen Produktideen anbieten. Zunächst hatte ich lange vergeblich um einen Gesprächstermin gebeten. Verständlich, irgendwo. Wer bin ich schon? Aber ich blieb dran, blieb am Ball. Und irgendwann hat er dann eingewilligt, haben wir ein Treffen vereinbart.

Nur kam er nicht. Nicht beim ersten Mal. Und auch nicht beim zweiten. Heute sollten wir uns eigentlich wieder treffen. Jedenfalls war das so abgesprochen. Müsste schon längst hier sein. Aber ich bin nicht enttäuscht, nicht überrascht. Im Gegenteil, ich war mir sogar zum Zeitpunkt der Vereinbarung bereits sicher, dass Godot auch heute nicht erscheinen würde. Nur deswegen habe ich ja überhaupt zugesagt! Nur deswegen stehe ich überhaupt hier! Das ist proaktive Situationssteuerung! Denn jetzt bin ich für das nächste Mal in einer noch günstigeren Ausgangsposition. Vor allem psychologisch. In Wahrheit bin ich es gerade, der Godot versetzt. Nicht er mich. Und je länger ich hier im Regen stehe, desto größer werden meine zukünftigen Erfolgschancen. Verstehen Sie, dieses Warten hier, das ist für mich, derart proaktiv eingefädelt, eine klassische Win-Win-Situation! Wenn er kommt, gut. Kommt er nicht, noch besser!

So denkt und handelt ein Proaktiver heute. Für einen wahrhaft proaktiv denkenden Menschen gibt es keine Situation, die sich nicht positiv umakzentuieren ließe, weil es nämlich in Wirklichkeit gar keine Enttäuschungen gibt, die nicht neue, noch zielführendere Möglichkeiten eröffneten. Das ist mir jetzt klar geworden und beweist sich mir jeden Tag wieder. Vor allem aber lässt sich ein Proaktiver sein Befinden nicht von Faktoren und Widrigkeiten bestimmen, die außerhalb des persönlichen Einflusses liegen. Was soll denn das bringen? Wirklich ausschlaggebend ist ohnehin nur, was im eigenen Kopf geschieht, ist, was ich aus einer Situation mache, wie ich sie emotional bewerte!

Damals hätte ich das wissen sollen. Was hatten wir schon Schlimmes verbrochen? Ein paar Autodiebstähle, gut, und dann eben die Sache mit dem Bankraub. Großer Mist war das. Zugegeben. Da haben sie uns irgendwann geschnappt. Estragon und mich. Jeden in eine Einzelzelle gesteckt und uns diesen Deal angeboten. »Du hast die Wahl«, hat der Kommissar zu mir gesagt. »Entweder ihr gesteht beide die ganze Einbruchsserie, dann kommt ihr auch beide nach dreieinhalb Jahren wieder raus. Wenn nur du gestehst und dein Partner leugnet weiter alles, dann ist eben er fällig, dann machen wir ihn zum Alleinschuldigen, fünf Jahre für ihn, mindestens, du aber könntest schon morgen wieder raus. Und wenn ihr beide bockt, dann sitzt ihr bei der Beweislage jeder eure 18 Monate ab! Das ist das Angebot. Überleg dir's. Ich gehe jetzt rüber zu deinem Partner und sag ihm das Gleiche. Morgen früh will ich von jedem 'ne Antwort.«

Echt mies war das. Wollten doch beide nur so schnell wie möglich wieder raus. Schwer auszurechnen war es allerdings nicht, hatte ja die ganze Nacht Zeit. Würde Estragon gestehen und ich hielte weiter dicht, hätte das mindestens fünf Jahre für mich bedeutet, gesteh ich selbst aber ebenfalls, maximal dreieinhalb. Und würde Estragon, drüben in der anderen Zelle, dichthalten und ich gestehen, käme ich sogar gleich raus. Also habe ich gestanden. Genauso wie Estragon. Haben dann die letzten zwei Jahre sogar die Zelle miteinander geteilt. Hatten dort zwei lange Jahre Zeit, uns zu überlegen, was wohl gewesen wäre, wenn wir in jener Nacht beide entschieden hätten dichtzuhalten.

Aber woher hätten wir's wissen sollen? Diese Jahre haben uns zusammengeschweißt, echte Kumpels sind wir geworden, unzertrennlich, blindes Vertrauen herrscht da, bis heute. Verdammt lange zwei Extrajahre waren das.

Aber sehen Sie, genau das meine ich. Das war es gerade, dieser Gedanke: *Proaktive Distanzierung* nennt sich die Technik!

Einfach an etwas denken, was noch schlechter ist als das,

was man im Moment erlebt, und dann das Positive aus diesen Gedanken für sich mitnehmen! Sich daran aufbauen. Klar regnet es und ist kalt, und klar habe ich nasse Füße. Aber was ist das schon, im Vergleich zu damals! Da geht es mir doch heute wirklich ausgezeichnet! Heute stehe ich hier als freier Geschäftsmann am Bahnhof, habe sogar einen Antrag auf eine Ich-AG gestellt. Nur das Startkapital ist noch ein Problem. Aber das wird schon. Da steckt nämlich noch ein Riesenpotenzial drin in dieser ganzen Proaktiv-Kiste! Allein der Begriff ist schon der Hammer. Bares Geld ist der wert. Googeln Sie mal »proaktiv«! Schauen Sie nur mal auf gängige Marktinnovationen der letzten Jahre in diesem Bereich. Mittlerweile gibt es proaktive Wellness-Drinks, proaktive Altersvorsorgekonzepte, proaktive Joghurtkulturen, proaktive Uno-Resolutionen, proaktive Erstschlagskonzepte sowie proaktive Bremsbeläge und proaktive Systemsteuerungen. Und ich sage Ihnen was, das ist längst noch nicht alles. Ich habe da einige Granatenideen in meinem Koffer! Wenn es doch nur irgendwann zu diesem verdammten Treffen mit Godot käme …

Jeder andere in meiner Situation hätte bestimmt längst reagiert, das heißt resigniert. Aber nicht mit mir und Estragon. Wir beide werden morgen wieder hier stehen.

»Das wird schon noch, was, Estragon?«

»Unbedingt. Und wenn nicht, wir zwei finden immer einen neuen Begriff, um uns einzureden, dass wir es schaffen!«

»Klar, Estragon! Und überleg dir nur einmal, wir hätten damals, in jener Nacht, schon von dem Proaktiv-Konzept gewusst, dann wären wir heute schon zwei Jahre weiter. Jetzt schon reich.«

»Habe ich auch schon drüber nachgedacht, Didi. Aber ich

glaube, ich würde heute wieder genauso handeln. Würde wieder gestehen, nur eben proaktiv.«

»Jetzt, wo du es sagst, ich wahrscheinlich auch. Lass uns die Situation noch mal durchspielen, nur so für alle Fälle. Man weiß ja nie, was im Leben noch auf einen zukommt.«

WAS PHILOSOPHEN DARÜBER DENKEN

Philosophisch gesehen ist eine proaktive Grundhaltung nur eingeschränkt zu empfehlen. Was sich vor allem an spieltheoretischen Konfliktszenarien zeigen lässt. Zu solch einem Konfliktszenario zählt auch das so genannte *Gefangenendilemma*, das eine zentrale Problemstelle der *rationalen Entscheidungstheorie* markiert.

Wer wissen will, wie man als Proaktiver dennoch (oder vielleicht gerade deshalb) ein wahnsinnig erfolgreicher Mensch wird, lese Stephen Coveys Bestseller *Die sieben Wege zur Effektivität* (München 1994). Eine grenzenlose reaktive Beschreibung des menschlichen Daseins bietet im Gegenzug das Drama *Warten auf Godot* von Samuel Beckett.
Für eine Einführung in die rationale Entscheidungstheorie siehe Thomas Schmidts *Rationale Entscheidungstheorie und reale Personen* (Marburg 1995).

Wo sehen Sie sich in fünf Jahren?

Selbstverständlich sind Sie nervös. Es geht um Ihre Karriere, zumindest den wichtigen ersten Schritt. Sie wollen diesen Job unbedingt, sonst säßen Sie nicht hier, hätten vor drei Wochen nicht Ihre Unterlagen eingesandt und mit Ihrer Bewerbung bereits 50, 250 oder gar 2500 direkte Konkurrenten hinter sich gelassen. Die sitzen jetzt zu Hause und kauen Nägel, Sie im Vorzimmer des Personalchefs. Für so ein Gespräch, das ahnen Sie, gibt es letztlich keine Patentrezepte, im Gegenteil, je offener und ungezwungener es verläuft, desto besser. Dennoch, es gibt ein erwartbares Prozedere, gewisse Fixpunkte, die solch eine Begegnung strukturieren. Sie werden jetzt gleich hereingebeten, freundlich und per Handschlag begrüßt (fest drücken und in die Augen sehen!), zunächst nach Ihrer Anreise befragt, Tee, Kaffee, Wasser? Möglicherweise wird es eine Bemerkung zum Wetter oder der Kantinenqualität geben und anschließend zügig zur Sache gehen. Diese Sache sind Sie, Ihre Persönlichkeit, Ihr Selbstverständnis.

»Erzählen Sie mir ein bisschen was über sich!«, das wäre ein erwartbarer Gesprächsanfang. Sie wissen das natürlich und haben sich bereits zu Hause vor dem Spiegel eine Antwort zurechtgelegt, genauso wie für jene andere Standardfrage, mit der dieses Gespräch in maximal 20 Minuten seinem Ende zugehen wird: »Und, wo sehen Sie sich in fünf Jahren?«

Wenn Sie diese Frage gestellt bekommen, hat sich Ihr Gegenüber bereits selbst seine Antwort auf diese Frage gegeben, sieht Sie in fünf Jahren auf dieser oder jener Position, Ihr Lebenslauf liegt vor, mittlerweile hat er einen persönlichen Eindruck gewonnen, das reicht ihm. Aber jetzt sind Sie dran: Ihre Erzählung, bitte.

Sie sind zwischen 25 und 35 Jahre alt, überdurchschnittlich qualifiziert und hochmotiviert, vermutlich verfügen Sie über ein abgeschlossenes Hochschulstudium, zumindest aber über Abitur samt Berufsausbildung. Sie haben Perspektive, noch alle Chancen. Das ist mal sicher, sonst säßen Sie nicht hier. Also, wo sehen Sie sich in fünf Jahren?

Mit keiner anderen Antwort geben Sie mehr über sich preis, keine Antwort positioniert Sie deutlicher, bei keiner steht mehr auf dem Spiel. Und dennoch, ist es nicht die einfachste Frage von allen? Sie können ganz offen sein, schließlich geht es jetzt einzig und allein darum, was Sie wollen, was Sie von dieser Stelle und letztlich von Ihrem Leben erwarten. Weshalb sollten Sie Ihre eigentlichen Ziele in dieser Situation also verhehlen? Wer hätte etwas davon? Jede wahrhaftige Antwort muss die richtige sein.

Die einzig unbedingt zu erfüllende Anforderung ist Ihr realistisches Gespür für sich. Ihr Fünfjahresplan sollte – vor allem in den Augen Ihres Gegenübers – zu Ihrem bisherigen Lebenslauf passen, als plausible Fortsetzung Ihres bisherigen Werdegangs erscheinen, vor allem aber werden Sie bei dieser Frage den Eindruck zu vermitteln haben, überhaupt so etwas wie ein gefestigtes Selbstbild zu besitzen.

In Ihrem Alter ist das sicher nicht zu viel verlangt. Schlichtweg katastrophal wäre es deshalb, wenn Sie diese Aufforderung sichtbar überraschen sollte, wenn Sie gar ehrlich eingestehen müssten, über diese Frage bislang überhaupt noch nicht nachgedacht zu haben. Aber das wird nicht passieren. Sie wissen Bescheid. Jemand, der es bis in dieses Vorzimmer schafft, hat eine runde Erzählung über sich parat und weiß sie auch überzeugend zu präsentieren.

Seien Sie ruhig stolz auf diese Kompetenz. Soweit es Sie und Ihr eigenes Selbstverständnis betrifft, ist solch eine Erzählung absolut essentiell. Wenn Sie überhaupt eine Antwort auf die Frage »Wer bin ich?« anzubieten haben, dann hat diese Antwort nämlich notwendig die Form einer Erzählung. Und das, was Sie als Ihr Selbst bezeichnen, ist nichts anderes als Ihre Erzählung über sich. Ihr Selbst hat also die Form einer Erzählung.

Stellen Sie sich nur einmal vor, Sie stehen morgens vor dem Spiegel, spielen Vorstellungsgespräch und sagen sich zur Begrüßung: »Erzählen Sie mir doch mal ein bisschen was über sich.« Und dann, dann käme da ganz einfach nichts.

Ihren Namen wüssten Sie zwar korrekt aufzusagen, aber was sagt der schon über Sie aus? (Könnten Sie nicht auch anders heißen?) Auch Ihre wichtigsten biographischen Daten kennen Sie, aber was teilen die Ihnen schon mit, solange sie isoliert nebeneinander stehen, solange Sie nicht in der Lage sind, diese Daten mit Hilfe einer Erzählung miteinander zu verbinden? Was für einen Menschen sähen Sie an solch einem Morgen im Spiegel? Sich. Schön und gut. Aber wer ist das? Erzählen Sie mal ein bisschen. Und was, wenn nicht diese Erzählung, vermag Ihnen im Moment zu beantworten, weshalb Sie überhaupt hier sitzen und was Sie von diesem Gespräch erwarten sollen?

Der Job ist Ihnen eigentlich gar nicht so wichtig, Sie definieren sich nämlich nicht über beruflichen Erfolg? Aha, Sie setzen in Ihrem Leben also andere Schwerpunkte, verfolgen andere Ziele. Welche denn? Wo sehen Sie sich, wenn alles nach Wunsch läuft, beispielsweise in fünf Jahren?

Die Erzählung, die Sie sind und die Sie prägt, endet nicht im Jetzt. Sie ragt in die Zukunft hinein, greift vor, folgt einem einheitlichen Entwurf, und vermutlich läuft Ihre eigene Erzählung sogar auf etwas ganz Bestimmtes hinaus. Sie haben in Ihrem Leben doch noch Ziele, haben noch ordentlich etwas vor, nicht wahr?

Die Vorstellung, jede Erzählung müsse, um sinnvoll, annehmbar und allgemein präsentabel zu sein, auf etwas Bestimmtes hinauslaufen oder zumindest so etwas wie einen durchgängigen Handlungsstrang haben, ist vielleicht nicht selbstverständlich, aber andererseits ist es doch recht schwer, sich dem Zwang dieser Erwartung zu entziehen.

Bereits die Unterlagen, mit denen Sie sich präsentiert und vorgestellt haben, um es bis in dieses Vorzimmer zu schaffen, folgen solch einem Muster. Sie haben noch kurz vor der Einsendung, geben Sie es zu, Ihren tabellarischen Lebenslauf zu Hause speziell auf diese Stellenausschreibung zugeschnitten, ihn eigens getrimmt, haben einiges gestrichen, anderes hinzugefügt, Schwerpunkte variiert, und vermutlich spüren Sie jetzt, in diesem Vorzimmer, so stark wie selten zuvor die Versuchung, sich in den nächsten 20 Minuten endgültig zum Ideologen Ihres eigenen Selbst zu machen, Ihren Lebensweg als eine einzige zielgerichtete Bewegung darzustellen, gerade so, als ob er von einer einzigen Grundintention getragen worden, einem einheitlichen Entwurf gefolgt wäre.

Womöglich werden Sie sogar zu Formulierungen wie »von frühester Kindheit an« oder »hat mich schon immer fasziniert« greifen, sich in jedem Fall unbedingt bemühen, Leerzeiten oder Ausfälle zu kaschieren und noch die abwegigste Verirrung zum heilsamen Umweg zu deklarieren.

Selbstverständlich. Es ist nur ein Vorstellungsgespräch.

Die Erzählung, die Sie sich für die folgenden 20 Minuten zurechtgelegt haben, ist sicher nicht identisch mit der Geschichte, die Sie sich morgens aufrichtig im Spiegel erzählen könnten. Aber folgt Ihre Erzählung, diejenige, mit der Sie sich selbst beschreiben und wahrhaftig zu bestimmen suchen, im Prinzip nicht den gleichen Vorgaben und Verfahren? Geht sie nicht ebenso chronologisch geordnet voran, kennt sie etwa kein Ziel, keinen sinnstiftenden Schwerpunkt, erstreckt sie sich nicht, mindestens, fünf Jahre in die Zukunft, und verfahren Sie bei der Ereignisauswahl etwa weniger selektiv?

Womöglich tun Sie nichts dergleichen, ganz einfach weil es solch eine selbstsichernde Erzählung in Ihrem Leben gar nicht gibt, womöglich haben Sie nicht einmal eine Selbstbeschreibung anzubieten, die weiter als ein Jahr zurückreicht, vielleicht empfinden Sie sich eher als eine Folge kurzer Erlebnisepisoden, deren jeweilige Helden wenig oder gar nichts miteinander gemeinsam haben und in der die jeweiligen Helden jedenfalls nicht von der eigenmächtigen Fiktion eines über die Zeit konstanten Selbst zusammengehalten werden. Episoden, in denen derjenige, der vor zehn Jahren die Schule verließ, ein ganz anderer Mensch war als derjenige, der vor fünf Jahren sein Studium abschloss und sich kurz darauf in Polen furchtbar verliebte, und, klar, dann gab es da noch jemanden in Ihrem Leben, der sich vor zwei Jahren gegen ein Kind entschied. Sie erinnern sich an all das, haben es selbst erlebt, aber zu dem Menschen, der all das selbst erlebt hat und die ganze Zeit über Ihren Namen trug, verspüren Sie jetzt womöglich keine innigere Verbindung mehr als zu alten Freunden, bei denen Sie sich schon Jahre nicht mehr gemeldet haben.

Womöglich geht Ihnen dieses permanente »Wer bin ich?«, diese notorische Selbstbespiegelung, furchtbar auf die Nerven. Womöglich haben Sie über die Jahre viel zu viele Menschen kennen gelernt, deren Problem nicht etwa darin bestand, keine plausible Erzählung über sich parat zu haben, sondern vielmehr darin, dieser Erzählung nicht gerecht geworden zu sein, weil es oft genug eine Erzählung war, die einfach nicht zu diesen Menschen passte, Menschen, die von ihrer Erzählung dennoch nicht lassen können und deshalb als Gespenster ihrer selbst durch das Leben spazieren.

Wer sagt denn überhaupt, dass für ein gutes, sinnvolles Leben so etwas wie ein einziges andauerndes Selbst hilfreich ist, samt einer Erzählung, die dieses Selbst zusammenhält, ihm die nötige Stabilität, Orientierung und vor allem den nötigen Lebenssinn verleiht?

Sie jedenfalls nicht.

Sie halten die Idee von Ihrer einen, eigenen und einzigen Selbsterzählung, ja die gesamte Konstruktion eines zeitstabilen Selbst also für schädlichen Unsinn?

Gut, und wenn es so ist, wo liegt dann das Problem? Geben Sie im folgenden Gespräch einfach die Ihrem Selbstverständnis entsprechenden Antworten – 20 Minuten wird es Ihr jetziges Selbst vermutlich noch aushalten.

Die Schlüsselfrage »Wo sehen Sie sich in fünf Jahren?« wird Ihnen zwar einigermaßen albern erscheinen, aber Sie können, wenn es so weit ist, in etwa Folgendes entgegnen:

»Sehen Sie, diese Frage findet keinen Platz in meinem Leben, ich weiß wirklich nicht, wie ich sie beantworten soll. Ich weiß nämlich nicht, was derjenige, der in fünf Jahren in den Spiegel sieht, mit demjenigen zu tun hat, dem Sie diese

Frage jetzt stellen. Und wieso sollte ich für jemanden – ein zukünftiges Selbst, wenn Sie so wollen – Planungen aufstellen, von dem ich nicht wissen kann, wie er ist, was er fühlt und was er will, für jemanden, den ich aller Wahrscheinlichkeit nach noch gar nicht kenne und den ich übrigens jetzt auch noch gar nicht kennen will.

Ich verstehe Ihre Frage sehr wohl, und ich glaube mir sogar vorstellen zu können, was für eine Antwort jetzt passend wäre, aber ich kann Ihnen diese Antwort nicht geben, denn dann müsste ich Ihnen und mir jetzt irgendetwas vormachen, irgendeine Geschichte erzählen, und das will ich nicht, das käme mir einfach sinnlos vor.

Wie Sie an den Unterlagen erkennen, bin ich bislang auch ohne solche Erzählungen und Selbstentwürfe ganz erfolgreich durchs Leben gekommen, und die ausgeschriebene Stelle interessiert mich sehr.«

Wie gesagt, jede wahrhaftige Antwort muss die richtige sein. Schließlich ist es Ihr Leben. Aber sollten Sie wirklich erwägen, in 20 Minuten, dort drinnen, hinter der Holztür, solches oder auch nur entfernt Ähnliches von sich zu geben, und sollten Sie sich jetzt schon ernsthaft die Frage stellen, wo Sie sich wohl in fünf Wochen sehen, dann, geben Sie es zu, ganz sicher nicht als Angestellter dieser Firma.

WAS PHILOSOPHEN DARÜBER DENKEN

Jeder Mensch, so wird gedacht, gesprochen und vor allem auch konkret gefühlt, hat ein Selbst. Doch die Frage, was dieses Selbst ist, aus was es besteht, wo es sich finden lässt und was es dort, wo es zu finden wäre, wohl tut, ist schwer zu beantworten.

Für die abendländische Philosophie wird sie spätestens ab dem 17. Jahrhundert eine wichtige, wenn nicht die zentrale Frage. Und nicht nur Philosophen rätseln seither über das Wesen des Selbst, sondern auch vergleichsweise junge Wissenschaften wie die Psychologie, die Psychiatrie, die Soziologie – samt angeschlossener Anwendungsbereiche.

Ein derzeit sehr populärer Ansatz in diesem Problemfeld ist die These vom so genannten narrativen Selbst, die im Kern Folgendes besagt: Ein Selbst ist einem Menschen nicht gegeben, sondern wird vielmehr von ihm/ihr gemacht, buchstäblich ins Leben gerufen – und zwar durch Erzählungen über dieses Selbst. Innerhalb dieser Theorie wird der Begriff »Selbst« dann sehr oft bedeutungsgleich mit dem Begriff »personale Identität« verwendet.

In seiner stärksten Lesart behauptet dieser Ansatz, ein Selbst bestünde aus nichts anderem als der Erzählung, die ein jeweiliger Mensch sich (über sich) erzählt bzw. erzählen könnte. Eine These, die heute tatsächlich jedes professionell geführte Vorstellungsgespräch mitprägt.

Selbstverständlich ist dieser Ansatz nicht unbestritten. Andere Philosophen erzählen ganz andere Geschichten über das Selbst.

Zu den derzeit prominentesten und einflussreichsten Philosophen, die eine »narrative Konzeption« des Selbst vertreten, gehören Charles Taylor (*Die Quellen des Selbst*, Frankfurt a. M. 1999) oder Daniel Dennett (*Consciousness Explained*, London 1991).

Für einen frischen und einfallsreichen Kritiker siehe Galen Strawsons Artikel »Against Narrativity« (in: *Ratio* 17, 4, Dezember 2004).

Machen Sie weiter *so*!

»Noch irgendwelche Fragen? Das scheint nicht der Fall zu sein. Sehr gut. Dann, meine Damen und Herren, können Sie Ihre Testbögen jetzt umdrehen. Sie haben 60 Minuten Zeit. Viel Spaß, viel Erfolg!«

Angenehm ist mir das nicht, dieses Gefühl, erfasst, durchleuchtet, geistig vermessen zu werden. Aber was soll ich tun? Es ist nun einmal Teil der Bewerbungsphase. Einer von vielen Tests an diesem Wochenende, allerdings der entscheidende. Binnen einer Stunde wird dieser Bogen sein Urteil über meinen Intelligenzquotienten gefällt haben. Sollte es überhaupt einen aussagekräftigen psychologischen Test geben, dann diesen hier. Bei keinem anderen Test sind die Ergebnisschwankungen geringer, kein anderer lässt verlässlichere Rückschlüsse auf mein geistiges Leistungsvermögen zu. Rollenspiele, Konfrontationsgespräche, gruppendynamische Übungen, empathische Kompetenz, davon mag man ja halten, was man will – und ich halte gar nichts davon –, aber so ein geeichter, amtlicher, über Jahrzehnte entwickelter und verfeinerter IQ-Test, der taugt was. Da kann ich nachher noch so viel lavieren, dass ich einfach nicht gut drauf war, dass ich mich in der Zeit verschätzt habe, zu lange an einer Aufgabe hängen geblieben bin, die Raumtemperatur nicht gestimmt hat: alles Geschwätz, absehbares, viel zu oft gehörtes Verlierergewinsel. Nein, der Test wird nicht versagen, höchstens ich.

Geschickt ist, sich zunächst einen Überblick über den gesamten Fragenkatalog zu verschaffen und dann ganz gezielt Aufgaben zu lösen. Das zumindest hat mein Tischnachbar mir heute beim Frühstück erklärt. Der hat sich richtig gefreut auf diesen Test, ein total positiver Typ, ich mochte ihn sofort. Bloß keine Angst, bloß nicht verstecken, hat er gesagt, einfach proaktiv und mit Lust an die Sache rangehen, immer schon einen Schritt weiter sein, einen Schritt weiter denken.

Mal sehen: ein Test, vier Bögen, 123 Fragen. Logisch-Analytisches, sprachliche Intelligenz, räumliches Vorstellungsvermögen, Kreativität, Allgemeinwissen. Ich fange am besten mit etwas Bekanntem an, erst einmal Selbstvertrauen tanken, den eigenen Denkrhythmus finden. Die Zahlenaufgaben zum Beispiel, die sehen vertraut aus, kennt ja jeder, diese Übung.

Aufgabe II.
Setzen Sie diese Zahlenreihen fort:

A 1, 2, 3, 4 …

1, 2, 3, 4, *5, 6, 7, 8* …

Volle Punktzahl! Und weiter. Um wie viele Zahlen soll ich die Reihen eigentlich weiterführen? Das steht nicht in der Aufgabenstellung. So lange eben, bis für den Korrigierenden ersichtlich wird, dass ich die Bildungsregel, der die Reihe folgt, richtig erkannt habe. Der Test gibt vier Zahlen vor, dann sollten von meiner Seite auch vier weitere Zahlen ausreichen.

Die Übung, stelle ich mir vor, ist ja eigentlich ein Dialog. Mister IQ schreibt eine Zahlenreihe auf das Papier, hat dabei irgendeine Bildungsregel im Sinn, und sobald er der Ansicht ist, die Regel und damit die nächsten einzusetzenden Reihenglieder sollten ersichtlich geworden sein, setzt er ab, gibt mir den Stift und fordert mich auf, die Reihe so fortzusetzen, wie er es gemäß der Regel auch getan hätte. Und je nachdem, mit welchen Zahlen ich fortsetze, beurteilt er dann, ob ich die Regel erkannt und richtig angewendet habe.

Genau wie im richtigen Leben. Der Lehrer macht es vor, der Schüler nach. Und wenn der Schüler nicht gleich begreift, worauf es hinausläuft, dann macht es der Lehrer weiter vor, und wenn der Schüler dann noch immer nicht begreift, was und wie er jetzt eigenständig genau so weitermachen soll, dann kann der Lehrer seinem Schüler irgendwann auch nicht mehr helfen. Dann ist der Bub halt zu blöd dafür.

B 2, 4, 6, 8 …

2, 4, 6, 8, *10, 12, 14, 16* …

Leicht. Geradezu lächerlich. Ich könnte diese Zahlenreihe jetzt noch vierzig Jahre so weiterführen, immer + 2, direkt in Richtung Unendlichkeit. Irgendwann dringe ich dann in Bereiche vor, die nie ein Mensch zuvor gerechnet hat, komme ins *Guinness-Buch der Rekorde* als »Mann, der seit vierzig Jahren eine Zahlenreihe korrekt weiterführt«, und alles nur auf der Basis von vier mickrigen Beispielzahlen. Vielleicht bin ich doch ein Genie, sind wir alle hier im Raum Genies! Sollen sie die Aufgabe doch mal einem Affen vorlegen! Das macht uns schon auf diesem primitiven Niveau im ganzen Universum keiner nach, dieses eigenständige Regelabstrahieren und Regelfolgen.

C 1, 5, 11, 19 …

Kniffliger, fast eine Herausforderung! Die Differenz vom ersten Glied zum zweiten beträgt 4, die vom zweiten zum dritten 6, die vom dritten zum vierten 8. Das ist immerhin ein Muster, dem sich folgen lässt. Wenn es so weitergeht, beträgt die Differenz vom vierten zum fünften 10, und ich müsste die Reihe mit der Zahl 29 fortsetzen, danach 41 und 55.

Möglich wäre das.

Was aber, wenn das nicht die Regel ist, die der Test eigentlich vorsieht, wenn mein erkanntes Muster nicht das eigentlich intendierte Muster ist, wenn meine Lösung nicht der Musterlösung entspricht? Dann bekomme ich für diese Lösung keine Punkte, zumindest dann nicht, wenn derjenige, der meinen Test korrigiert, zu dämlich ist, um die von mir erkannte Regel seinerseits zu erkennen.

Entschuldigung, hallo, Verzeihung! Ich hätte da doch noch eine Frage: Wer korrigiert diese Tests eigentlich? Und welchen IQ haben die Korrektoren? Gibt es Mindeststandards?

Zu spät, ich hatte vorhin meine Fragechance, jetzt heißt es vertrauen. Vertrauen ist ja ganz wichtig. Wir haben das gestern im Team durchgesprochen. Ohne ein gesundes Vertrauensklima geht gar nichts, weder privat noch im Betrieb. Selbstvertrauen, Vertrauen in andere, Zukunftsvertrauen, Vertrauen in die Wirtschaft, Vertrauen zu den Vorgesetzten. Dennoch, wie kann ich ausschließen, dass sich in dieser Reihe nicht doch noch ein anderes Bildungsgesetz verbirgt?

Vielleicht so. Die Position in der Reihe legt den jeweiligen Zahlenwert fest: für Reihenglied 1 also den Wert 1, der wird dann jeweils ins Quadrat gesetzt und noch mal mit dem ursprünglichen Zahlenwert addiert, und das Ganze dann minus 1. Mal ausprobieren.

Für die erste Position in der Reihe ist das 1 ins Quadrat, plus 1, minus 1, ergibt letztlich 1. Zweites Glied, also Wert 2, ins Quadrat, ergibt 4, plus 2, minus 1, wäre 5.

Und für das dritte Glied 3 ins Quadrat, also 9, plus 3, also 12, minus 1, ergibt 11.

Das vierte Glied ergibt, wenn ich diese Regel zugrunde lege, 19, und so ist es auch. Womit das fünfte 29 wäre und das sechste 41.

Klingt überzeugend, als Bildungsformel liest sich das: $a_n = n^2 + n - 1$

Die Lösung nehme ich, herrlich kompliziert, die ist es bestimmt. Also

C 1, 5, 11, 19 …

1, 5, 11, 19, *29, 41, 55, 71* …

Aber war das die gesuchte Regel, die gesuchte Fortsetzung? Gibt es nicht noch weitere Möglichkeiten, die Reihe regelgerecht weiterzuführen? Wie wäre es mit folgender Fortsetzung:

C 1, 5, 11, 19 …

1, 5, 11, 19, *1, 5, 11, 19* …

Das ist doch zweifellos auch eine Regelmäßigkeit, die sich aus den ersten vier Zahlen ergibt. Die Regel ist schön simpel: Nach vier Zahlen wiederholt sich die Reihe einfach wieder von vorne, in Ewigkeit. Amen.

Warum sollte ich für diese Lösung nicht die volle Punktzahl erhalten?

Weil es nicht die Bildungsregel ist, welche die Schöpfer des Tests *gemeint* haben?

Aber woher soll ich wissen, welche Bildungsregel sie im Sinn haben. Sie hätten, nach den ersten vier Gliedern zu schließen, auch dieser Wiederholungsregel folgen können. Und es kann bei diesem Test ja wohl nicht darum gehen, telepathische Fähigkeiten unter Beweis zu stellen und die Gedanken des Testdesigners zu erraten, sondern darum, auf der Grundlage der gegebenen Zahlen eine Regelmäßigkeit zu erkennen! Was wäre mit folgender Fortsetzung?

C 1, 5, 11, 19 …

1, 5, 11, 19, *11, 5, 1, 5* …

Korrekt? Warum nicht? Oder der hier?

C 1, 5, 11, 19 …

1, 5, 11, 19, *20, 25, 36, 54* …

Was als korrekte oder falsche Fortsetzung gilt und anerkannt wird, hängt ausschließlich von der Regel ab, die von den ersten vier Zahlen angeblich eindeutig festgelegt wird.

Aber wenn nicht alles täuscht, sind die angebotenen Beispielreihen nicht in der Lage, ihr nächstes Glied in diesem Sinne eindeutig festzulegen. Offensichtlich gibt es sehr viele Regeln, die sich mit den gegebenen Reihenanfängen in

Übereinstimmung bringen lassen. Und daran würde sich ja auch dann nichts ändern, wenn die Zahlenreihe länger wäre.

Keine endliche Zahlenreihe kann ihr nächstes Glied im gedachten Sinne bestimmen oder festlegen!

Genau genommen, fällt mir jetzt auf, ist sogar jede beliebige Fortsetzung mit einer bisherigen Reihe in Übereinstimmung zu bringen, weil sich für jede beliebige Fortsetzung eine Bildungsregel finden lässt, die diese Fortsetzung dann als »regelgemäß« rechtfertigt.

Ich kann hier also gar nichts falsch machen, egal, was ich schreibe, egal, wie ich die Reihen fortsetze. Die Fortsetzung wird immer einer Regel entsprechen, die sich mit den ersten vier Zahlen in Übereinstimmung befindet. Und wenn es keine falsche Fortsetzung gibt, dann gibt es auch keine richtige. Das ist doch wohl klar!

Dieses ganze Aufgabenteil beruht auf einem Missverständnis darüber, wozu eine endliche Reihe von Beispielen in der Lage ist. Wahrscheinlich wissen das die IQ-Tester auch, und einen Schritt vorausgedacht, ist das also in Wirklichkeit eine von diesen Metaaufgaben, die nur dann richtig gelöst werden, wenn der Proband einsieht, dass die Aufgabenstellung selbst sinnlos oder widersprüchlich ist. Um die volle Punktzahl zu erhalten, ist es deshalb wohl am klügsten, ich schreibe meine Erkenntnis einfach unter die Aufgabe: »Aufgabe blöd, sorry!«

Ob sie das hören wollen? Eigentlich glaube ich das nicht. Der Aufgabentyp ist schließlich ein Klassiker. Die wollen schon eine bestimmte Reihenfortsetzung sehen, und zwar die richtige. Am Ende zählen nur die Punkte, zählt das Auswahlverfahren, zählt mein IQ. Also, ich entscheide mich für die komplizierte Formel und schreibe

C 1, 5, 11, 19 …

1, 5, 11, 19, *29, 41, 55, 71* …

Nächste Aufgabe:

D 2756438764598, 3946589965231, 6703028729829, 10649618695060 …

13-stellige Zahlen? Was sind das dann, Billionen? Und die Regel dahinter?

Wenn ich die erste mit der zweiten Zahl addiere, dann könnte das auf die dritte führen, und die dritte dann wieder mit ihrem direkten Vorläufer addiert, käme ich auf die vierte. Das könnte stimmen. Nachrechnen müsste ich es natürlich.

Billionen addieren, so ein Schwachsinn! Ich habe in meinem ganzen Leben noch nie eine Billionenrechnung vollzogen, das wäre mir bisher noch nicht einmal in den Sinn gekommen. Wozu auch? Ich bin schließlich nicht für das Staatsdefizit der Vereinigten Staaten verantwortlich.

Schwierig wäre die Rechnung vermutlich nicht. Die Additionsregel ist nicht sonderlich kompliziert, und wer sie beherrscht, der kann sie selbst für Zahlen anwenden, an die er in seinem Leben bislang keinen Gedanken verschwendet hat.

Die können hier doch nicht ernsthaft testen wollen, ob ich fehlerfrei addieren kann! Oder doch? Testen sie meine Konzentrationsfähigkeit? Soll damit geprüft werden, ob ich unter Zeitdruck zu Leichtsinnsfehlern neige, oder testet diese Aufgabe meine Metakompetenz zur Auswahl sinnvoller Aufgaben? Soll ich hier erkennen, dass sich diese

Aufgabe einfach nicht lohnt, weil sie viel Zeit kostet und im Verhältnis relativ wenig Punkte bringt?

Alles Spekulation. Getestet wird meine Intelligenz, meine Fähigkeit, diese Aufgaben zu lösen. Und diese Aufgabe kann ich lösen. Addieren kann ich seit der zweiten Klasse! Das waren noch Zeiten, als wir im Klassenverband gemeinsam neue Zahlenräume erschlossen: hundert, tausend, hunderttausend! Welche Erregung, welches Abenteuer! Von Beispielübung zu Beispielübung, und irgendwann ging es wie von selbst!

Also jetzt Billionen, einfach der Additionsregel folgen, so addieren wie sonst auch immer. Konzentrier dich auf die *Regel*, der Rest ergibt sich:

6703028729829 + 10649618695060 =

Aber welche Regel ist es, der ich bis heute gefolgt bin, wenn ich addiert habe?

Ich habe die Regel, wie jeder andere Grundschüler auch, einst anhand einer endlichen Anzahl von Beispielen gelernt. Und ich habe diese Regel dann in endlich vielen Fällen, weitestgehend korrekt, auf mir neue Aufgaben angewendet. Noch nie aber, wie jetzt, auf Billionenadditionen. Wäre es mit meinem Verständnis davon, was es heißt, korrekt zu addieren, nicht vollkommen vereinbar, bei dieser Billionenaddition auf das korrekte Ergebnis von, sagen wir, »5« zu kommen?

6703028729829 + 10649618695060 = 5

Klingt verrückt. Bin ich verrückt? Aber weshalb eigentlich? Die Additionsregel, die ich bisher korrekt erfasst habe und der ich mein Leben lang – in Worten wie in Gedanken – unbeanstandet gefolgt bin, hätte in diesem Fall gelautet:

Für Additionen mit Zahlen, die kleiner als 7 Billionen sind, ergibt sich das Ergebnis, das sich »normalerweise« aus einer korrekten Addition ergibt. Und für alle Additionen, in denen eine Zahl vorkommt, die größer als 7 Billionen ist, ergibt sich das Additionsergebnis 5.

Die Regel hat mir, wenn ich mich recht erinnere, so natürlich keiner beigebracht.

Wie auch? Als ich die Regel erlernte, war von Billionenadditionen noch keine Rede. Ich habe mir bis gerade eben keinen einzigen Gedanken darüber gemacht, wie ich bei Summenbildungen über 7 Billionen wohl zu verfahren hätte.

Es könnte also sein, dass ich die ganze Zeit über dieser Regel gefolgt bin, ohne es selbst gemerkt zu haben! Denn der Fall, in dem dieses Regelverständnis zutage tritt, ist ja jetzt erst eingetreten, obwohl ich davor auch schon immer dieser Regel gefolgt bin, und als korrekte Anwendung dieser Regel ergibt sich die Addition:

6703028729829 + 10649618695060 = 5

Als korrekte Fortsetzung der Zahlenreihe D, deren Additionssystem ich durchschaut habe, ergibt sich damit:

D 2756438764598, 3946589965231, 6703028729829, 10649618695060, *5, 5, 10, 15 …*

Ich meine es ernst. Woher weiß ich, dass dies nicht das Additionsverständnis ist, dem ich bisher in meinem Leben gefolgt bin? Woher weiß ich, dass dies nicht die Regel ist, die von den Beispielen, anhand deren ich einst Addieren gelernt habe, eigentlich *gemeint* war, dass es nicht die Regel ist, die mir beigebracht wurde und der ich jetzt folgen sollte, um *richtig* zu rechnen? Sämtliche korrekte Additionen, die ich bisher in meinem Leben ausgeführt habe, und sämtliche Gedanken, die ich mir bislang zu meinem Verständnis der Additionsregel gemacht habe, sind mit dieser Regelauffassung vereinbar!

Natürlich wäre auch die Lösung

> 6703028729829 + 10649618695060 =
> 17352647424889

mit meinem bisherigen Additionsverständnis und meiner gesamten, wie soll ich sagen, Additionsbiographie vereinbar. Ich muss zugeben, dieses Ergebnis kommt mir irgendwie richtig vor. Aber es geht hier sicher nicht um gefühlte Richtigkeit (das war gestern beim Fairness-Seminar schon ein Thema), sondern um Mathematik! Es geht um korrektes Addieren, die Additionsregel, darum, welche Lösung die richtige ist. Und das, dachte ich bisher, hat nichts mit gefühlter Richtigkeit zu tun, denn die Additionsregel legt *eindeutig* fest, welches Ergebnis korrekt ist.

Die Frage ist jetzt nur, welche Regel die Additionsregel ist, der ich bisher korrekt gefolgt bin und die man mir einst beigebracht hat und der vielleicht sonst alle in diesem Raum auch folgen.

Und wenn ich nicht wissen kann, welcher von den beiden

Regeln ich bislang gefolgt bin – und ich wüsste wirklich nicht, auf welcher Grundlage sich das für mich noch für irgendjemand anderen entscheiden lassen sollte –, dann weiß ich auch nicht, woher ich wissen soll, welches Additionsergebnis jetzt das richtige sein soll, welche Zahlen ich hinschreiben soll, um die Reihe D, gemäß der erkannten Bildungsregel, korrekt fortzusetzen.

Sorgen sollte mich das eigentlich nicht, denn eins ist sowieso klar: Ich kann die Reihe D ohnehin nicht falsch fortsetzen, das habe ich ja schon vorhin begriffen.

Jetzt sieht es allerdings so aus, als ob ich selbst dann, wenn ich mich auf eine erkannte Regel festlege, nämlich die Additionsvariante, und selbst dann, wenn ich einfach so weiteraddiere, wie ich es bisher korrekt getan habe, jede beliebige Fortsetzung der Reihe zu rechtfertigen wäre, denn ich kann dann immer sagen:

Liebe Leute vom IQ-Test, ich habe das System der Reihe begriffen.

Ich kann addieren, ich habe jetzt genauso weiteraddiert wie bisher, und das ist meine Lösung. Was wollt ihr eigentlich? Die Fortsetzung »5« ist richtig und regelgemäß!

Ich kann mir schon vorstellen, was meine IQ-Tester dann beim persönlichen Auswertungsgespräch sagen: Mag ja sein, dass dies Ihr Verständnis davon ist, was es heißt, korrekt zu addieren, aber es ist eben nicht unseres. Das nennen wir hier beim IQ-Test nicht »korrekt addieren«: Unsere Regel, die Regel, die wir »addieren« nennen, führt auf andere Ergebnisse, nämlich:

6703028729829 + 10649618695060 =
17352647424889

Das leuchtet mir sogar ein. Bleibt nur noch die Frage, woher die Herren vom IQ-Test eigentlich wissen, welche Regel sie selbst im Sinn haben, wenn sie vom Addieren reden und irgendwelche Zahlentests ersinnen, die auf der Additionsregel beruhen. Die kochen doch auch nur mit Wasser, haben ihr Additionswissen doch letztlich auch nur durch eine endliche Anzahl von Beispielen erlernt und geprüft. Wie denn sonst? Ich finde denen sofort eine Addition, die sie noch nie gerechnet haben – und dann wollen wir doch mal sehen, wie es um deren Rechtfertigungsfähigkeit steht! Ob die sich, bei näherer Betrachtung, nicht genauso blind und hilflos fühlen wie ich mich jetzt.

Ist das am Ende der ganze Witz an diesem Test?

Hier geht es doch gar nicht ums Rechnen, um analytisch-logisches Denken, um das Erkennen und Befolgen von Regeln! Es geht hier nur darum, meine psychische Belastbarkeit zu testen, mit Aufgaben, die weder richtig noch falsch beantwortet werden können.

Die wollen mich hier fertig machen, mir meine Grenzen aufweisen, mir zeigen, dass, egal, wie ich antworte und wie ich meine Lösungen rechtfertige, es sowieso sie sind, die entscheiden, was richtig und falsch ist, sie entscheiden, welche Rechtfertigung taugt und welche nicht, ganz einfach weil sie hier das Sagen haben …

Guter Gott! Schon 45 Minuten vorbei, und ich hänge immer noch bei der vierten Aufgabe. Der vierten von 123!

In fünfzehn Minuten wird es amtlich. Ich bin ein hoffnungslos verwirrter Idiot. IQ 78. Kaum in der Lage, selbständig eine Banane zu öffnen. Für nichts zu gebrauchen.

So kann, so darf es mit mir einfach nicht weitergehen. Wenn aber der Test Wahrheit spricht, wird es das. Und zwar genau so.

Ob im Matheunterricht, im Straßenverkehr, vor Gericht, beim Fußballspiel, beim Festbankett oder auch nur im ganz alltäglichen Gespräch: Regeln bestimmen praktisch unser gesamtes Leben. Regeln öffnen ganz allgemein einen Raum, in dem sich davon sprechen lässt, dass etwas in einer bestimmten Art und Weise getan werden *soll*.

Wer in diesem Sinne etwas *richtig* getan hat, hat sich in seinem Handeln an eine bestehende Regel gehalten oder ist dieser Regel gefolgt. Wer hingegen einen Fehler, ein Foul oder einen Fauxpas beging, verstieß damit gegen eine geltende Regel.

Fragen, die Philosophierende in diesem Zusammenhang leicht zur Verzweiflung bringen, lauten:

– Wer oder was verhilft einer Regel (etwa der Additionsregel) zu ihrer Geltung?

– Wie wird handlungsleitendes Regelwissen erworben, und wie wird es konkret angewendet?

– Was tun Menschen, die einer Regel folgen, und woran lässt sich überhaupt entscheiden, ob sie einer Regel richtig, falsch oder gar nicht gefolgt sind?

Die vorliegende Geschichte wurde von einem Argument des amerikanischen Philosophen Saul Kripke (in: *Wittgenstein über Regeln und Privatsprache*, Frankfurt a. M. 1987) inspiriert. Kripke entwarf es auf der Grundlage einer spezifischen Lektüre von Ludwig Wittgensteins *Philosophischen Untersuchungen*. Im Zentrum von Kripkes Überlegungen steht der dortige Paragraph 201. Er lautet:

> Unser Paradox war dies: eine Regel könnte keine Handlungsweise bestimmen, da jede Handlungsweise mit der Regel in Übereinstimmung zu bringen sei. Die Antwort war: Ist jede mit

> der Regel in Übereinstimmung zu bringen, dann auch zum Widerspruch. Daher gäbe es hier weder Übereinstimmung noch Widerspruch …

Vergegenwärtigt man sich die zentrale Rolle, die Regeln in unserem Leben spielen, verwundert es nicht, dass dieses skeptische Paradox bislang weitaus mehr Widerspruch als Zustimmung gefunden hat. Gelöst ist es allerdings bis heute nicht.

Namedropping für Fortgeschrittene

Kennen Sie Adam Soboczynski? Nicht. Ach. Und Nicanor Parra? Nie gehört. Nun gut. Aber bei Malcolm Gladwell klingelt es ganz gewiss. Buchi Emecheta? Stefanie Flamm? Kennen Sie alle nicht?

Aber diese Situation, die kennen Sie. Sie befinden sich in einem Raum voll von (wie Sie vermuten) hochwichtigen Menschen, die Sie niemals zuvor gesehen haben und die sich pausenlos Namen an den Kopf werfen, die Sie ebenfalls noch nie im Leben gehört haben.

Sie sind, mit anderen Worten, auf einer Vernissage, einer Buchpräsentation, einem Agenturfest, kurz, auf einer Party für Menschen über 30 beziehungsweise dem, was von einer Party noch übrig bleibt, wenn sämtliche Gäste über ein geregeltes Einkommen verfügen.

Sie stehen mit einem Glas in der Ecke, versuchen, möglichst entspannt zu lächeln, und hoffen, es möge schon bald jemand auf Sie zukommen und einen Namen nennen, mit dem Sie irgendetwas, vorzugsweise aber ein Gespräch anfangen können.

Sie erwägen, ob Sie nicht selbst aktiv werden sollten. Da drüben, in der anderen Ecke, steht jemand allein mit dem Glas in der Hand. Diese Person könnten Sie ansprechen und fragen: »Hallo, nette Party, sagt Ihnen der Name ›Albert Einstein‹ etwas?«

Besser nicht. Der Abend ist noch jung, mit jedem aufgeschnappten Gespräch kommt ein Name hinzu, und irgendwann wird Ihre Einstiegschance kommen.

Selbst Ihr Gefühl, nicht zu wissen, worüber auf dieser

Party gesprochen wird, scheint Ihnen mit einem Mal unbegründet. Schließlich haben Sie mittlerweile klare Themenschwerpunkte ausgemacht, nämlich *Adam Soboczynski*, *Nicanor Parra* und *Stefanie Flamm*. Ihr einziges Anschlussproblem besteht darin, nicht zu wissen, auf wen sich diese Namen beziehen.

Sie spekulieren in der Ecke – nomen est omen – über die möglichen Namensträger, spähen nach Gästen, die wie ein »Adam S.« oder eine »Stefanie F.« aussehen, aber dieses Verfahren führt zu keinem befriedigenden Ergebnis. Selbst für »Nicanor P.« haben Sie bereits drei mögliche Kandidaten ausfindig gemacht.

Es spricht ohnehin kaum etwas dafür, die genannten Personen befänden sich unter den Gästen. Bekanntlich wird auf Partys bevorzugt über Menschen gesprochen, die nicht anwesend sind. In jedem Fall übersteigt die Anzahl der Namen, die Sie in den letzten zwanzig Minuten aufgeschnappt haben, das Fassungsvermögen dieser Lokalität um ein Vielfaches.

»Da drüben, am Buffet«, dringt es jetzt zufällig an Ihr Ohr, »steht übrigens Stefanie Flamm. Das ist die mit dem roten Lockenkopf und dem Champagnerglas in der Hand.« Aha. Also doch hier.

Ihr konkretes Partyproblem ist damit allerdings noch nicht gelöst. Sie würden gerne mitreden, doch dazu müssten Sie wissen, von wem jeweils die Rede ist, wenn die Namen fallen, letztlich also wissen, für wen diese Namen jeweils stehen und, ganz allgemein, in welcher Beziehung ein Name überhaupt zu seinem Träger oder seiner Trägerin steht.

Ewig können Sie hier nicht in der Ecke stehen, das ist klar, sonst werden Sie als Partyproblem wahrgenommen, werden ungewollt zum Thema, werden als der- oder diejenige bezeichnet, »der/die den ganzen Abend dämlich grinsend in der Ecke steht«.

Das wäre zwar kein Name, sondern eine Kennzeichnung, aber solch eine Formulierung erfüllt ihren Partyzweck vermutlich genauso gut wie ein Name.

Sie setzen sich also in Bewegung, drängeln sich durch die Menge bis zum Buffet und erfahren auf dem Weg, Adam Soboczynski sei der neue Florian Illies, trage eine grellrote Hornbrille und habe erst kürzlich einen fabelhaften Essay über polnische Putzfrauen veröffentlicht. Na also.

Am Buffet angekommen, könnten Sie mit Stefanie Flamm über Adam Soboczynski plaudern. Sie haben zwar keine einzige Zeile von Adam Soboczynski gelesen, aber was macht das schon? Die »Allgemeine Relativitätstheorie« von Einstein haben Sie schließlich auch nicht Schritt für Schritt nachvollzogen. Im Übrigen hegen Sie den Verdacht, all die anderen Partygäste, die sich ungeheuer angeregt über Malcolm Gladwell (»hat das Buch *Tipping Point* geschrieben«) und Nicanor Parra (»einer der bedeutendsten Dichter Nicaraguas«) unterhalten, könnten ähnliche Wissenslücken aufweisen.

Es scheint Ihnen allerdings nicht anständig und vermutlich nicht einmal richtig zu behaupten, diese Menschen wüssten nicht, worüber sie miteinander sprechen.

Wie viel muss man wohl über den Träger eines Namens wissen, um zu wissen, über wen man spricht, wenn man den Namen im Munde führt?

Nach dieser Party zu urteilen, sind drei, vier Kennzeichnungen allemal genug. Das kommt Ihnen auch vernünftig vor, denn in den meisten Fällen reicht diese Anzahl aus, um den Träger des Namens eindeutig zu identifizieren.

Mit dieser Mini-Namens-Theorie scheint Ihr Partyproblem gelöst. Die Sache läuft folgendermaßen: Namen dienen dazu, sich auf ein bestimmtes Individuum zu beziehen. Als solches sind Namen Abkürzungen für Kennzeichnungen, die den Träger des Namens eindeutig als dieses Individuum bestimmen.

Letztlich sind es also die Kennzeichnungen, die eigentlich die Bedeutung des Namens festlegen und sichern. Anstatt jedes Mal die ganze Litanei an Kennzeichnungen aufzusagen, wird im Gespräch der jeweilige Name verwendet. Das ist bequemer, ökonomischer, partytauglicher.

Ihre Theorie, Namen seien nichts als bedeutungsgleiche Abkürzungen für eindeutige Kennzeichnungen, erfährt hinter Ihrem Rücken eine letzte Bestätigung.

»Kennst du den Regisseur des Films *Berlin is in Germany*, ich komme jetzt nicht auf den Namen?«
»Ich auch nicht, aber ich weiß, wen du meinst, der ist doch jetzt angeblich mit der Frau aus dem Langnese-Werbespot zusammen.«
»Habe ich auch gehört.«

Zur Not könnten Sie mit Stefanie Flamm nun über den Regisseur des Films *Berlin is in Germany* plaudern, und das, ohne den Film gesehen zu haben, ja ohne auch nur den Namen des Regisseurs zu kennen. Denn da, wo normalerweise der Name zu fallen hätte, setzen Sie einfach die eindeutig identifizierende Kennzeichnung ein.

Wie sähe solch ein Gespräch wohl aus?

»Hallo, mein Name ist Stefanie Flamm, kennen Sie den Regisseur von *Berlin is in Germany*?«

»Ja klar, das ist doch der Regisseur von *Berlin is in Germany*.«

Hm. Es hat nie jemand behauptet, bei Partys müsse es sonderlich tiefschürfend zugehen, möglicherweise muss man nicht einmal wissen, worüber man redet, aber ganz so einfach, wie Sie sich das gerade ausgemalt haben, verhält es sich mit dem Namedropping offensichtlich doch nicht.

Hätten Sie den Namen des Regisseurs gekannt, und nicht nur die eindeutige Kennzeichnung, wäre das Gespräch halb so peinlich verlaufen. Das ist seltsam. Wo doch Name und Kennzeichnung exakt dieselbe Bedeutung haben. Und wenn sie dieselbe Bedeutung haben, weshalb lassen sich Name und Kennzeichnung dann im Gespräch nicht beliebig austauschen? Egal. Das ist kein Thema für eine Party. In Gedanken noch immer mit Frau Flamm plaudernd, erwägen Sie deshalb einen raschen Themenwechsel.

»Der Film hat mir ohnehin nicht gefallen, aber dieser Essay über polnische Putzfrauen, einfach sagenhaft.«

»Den hat doch dieser junge Mann mit der grellroten Hornbrille geschrieben …«

»Ja, sieht ein bisschen aus wie Florian Illies.«

»Ein slawischer Name, soweit ich erinnere!«

»Genau, Adam Soboczynski. Noch ein Gläschen?«

Prächtig. Theorie und Gespräch gerettet – zumindest theoretisch. Zurück in Ihrer Partyecke, kommen Ihnen jedoch weitere Zweifel.

Sie erwägen die Möglichkeit, Adam Soboczynski habe,

obwohl das sämtliche hier im Raum Anwesende glauben, in Wirklichkeit gar keinen Essay über polnische Putzfrauen geschrieben und trage überdies auch keine grellrote Hornbrille mehr. Die genannten Kennzeichnungen träfen vielmehr auf einen gewissen Stephan Stuchlik aus Passau zu – von dem allerdings niemand in diesem Raum jemals etwas gehört oder gesehen hat.

Wäre dies tatsächlich der Fall, was durchaus denkbar ist, stellt sich allerdings die Frage, über wen Sie gerade in Gedanken mit Stefanie Flamm gesprochen haben: über Adam Soboczynski oder über Stephan Stuchlik?

Sie neigen zu Adam Soboczynski, aber gemäß Ihrer Mini-Theorie müsste es eigentlich Stephan Stuchlik sein. Denn sollten die Kennzeichnungen den Träger des Namens festlegen, ist damit bei der Nennung des Namens eben derjenige gemeint, auf den die Kennzeichnungen tatsächlich zutreffen, im angedachten Fall also Stefan Stuchlik.

Also noch ein Problem. Ihre kleine Namensphilosophie ist damit zwar nicht vollends widerlegt, aber augenscheinlich ist sie alles andere als ausgereift. Insbesondere in der praktischen Anwendung lauern schwer überschaubare Risiken.

Sie nehmen sich deshalb vor, im Zweifelsfall auf Nummer Sicher zu gehen und auf dieser Party nur Namen zu nennen, deren Träger Sie persönlich kennen gelernt oder zumindest einmal mit eigenen Augen gesehen haben.

Konkret führt Sie diese Taktik auf den Namen »Stefanie Flamm«. Das ist der einzige Name, dessen Trägerin Sie sicher als solche identifizieren können, denn Stefanie Flamm ist »die Frau, die mit dem roten Lockenkopf und dem Champagnerglas in der Hand am Buffet steht«, und es gibt hier im Raum nur ein einziges Wesen, auf das diese Kennzeichnungen zutreffen. Aber keiner spricht Sie an. Nicht auf diesen Namen. Und auch sonst auf keinen. Sie vermuten, es liege daran, dass keiner Ihren Namen kennt. Dass Sie auf dieser Party ein Niemand sind, sich noch keinen Namen gemacht haben.

Sie erwägen, nach Hause zu gehen. Denn alles ist besser, als peinlich in der Ecke zu stehen.

Ins Kino. Dafür wäre es noch nicht zu spät. Einfach nur zusehen und angstfrei die Klappe halten. Ein Segen.

Nach einem tiefen, schwer nachdenklichen Blick ins eigene Glas erwägen Sie die Möglichkeit, auch Stefanie Flamm könne heute Abend ins Kino gegangen sein, womit der einzige Name, mit dem Sie auf dieser Party wirklich etwas hätten anfangen können, tatsächlich Ihr eigener geblieben wäre.

Aber liegt das überhaupt im Bereich des Vorstellbaren, dass sich eine Frau wie Stefanie Flamm solch eine Party entgehen lässt? Nun, sie hat es ganz offensichtlich nicht getan, denn da drüben steht sie. Aber sie müsste, auch das scheint Ihnen sicher, nicht notwendigerweise hier stehen. Jedenfalls ist eine alternative Welt denkbar, in deren Verlauf Stefanie Flamm heute Abend ins Kino gegangen ist. Vielleicht, weil sie solche Partys, entgegen allem Anschein, im Grunde zu Tode langweilen. In dieser denkmöglichen Parallelwelt stünde sie jetzt also nicht mit roter Wuschelmähne am Buffet, sondern säße irgendwo anders im Kinopolstersessel.

Bei dem Versuch, diesen möglichen Weltverlauf für sich so konkret wie möglich auszubuchstabieren, stoßen Sie auf folgende Verwicklung:

Die rothaarige Frau, die um 21.45 Uhr mit einem Champagnerglas am Buffet der Party in der Fregestraße 2, 10249

Berlin, stand, saß zur exakt gleichen Zeit in irgendeinem Berliner Kinopolstersessel.

Und Sie sind sich nicht sicher, wie Sie sich eine Welt vorstellen sollen, in der sich ein und dasselbe Individuum gleichzeitig an zwei verschiedenen Orten befindet. Solch eine Welt wirkt auf Sie in etwa so verständlich wie der Gedanke an einen eckigen Kreis oder an weißen Rotwein. Sie ist keine mögliche Welt.

Die Erwägung, Stefanie Flamm hätte heute Abend auch ins Kino gehen können, erscheint Ihnen zwar nach wie vor absolut klar und auch verständlich formulierbar, aber sobald Sie den Namen »Stefanie Flamm« durch ebenjenes Bündel von Kennzeichnungen ersetzen, die diesen Namen für Sie überhaupt zu dem Namen eines bestimmten Individuums machten, gerät ihre Partyspekulation in Widersprüche.

Mit dem Namen »Stefanie Flamm« lässt sich offenbar nach Lust und Laune spekulieren, bei den Kennzeichnungen hingegen, die die Bedeutung des Namens für Sie einst festlegten, versagt Ihre Vorstellungskraft. Wie kann das sein? Was wissen alle Menschen hier im Raum über Namen, was Sie nicht wissen?

Sie versuchen, sich nun, um Ihre eigene Partytauglichkeit ein letztes Mal zu überprüfen, eine Welt vorzustellen, in der Albert Einstein die Relativitätstheorie nicht entdeckte. Und darin besteht für Sie kein größeres Problem.

Nun ersetzen Sie den Namen »Albert Einstein« in Ihrer Vorstellung einfach durch »den Entdecker der Relativitätstheorie« und versuchen, sich eine mögliche Welt vorzustellen, in welcher der Entdecker der Relativitätstheorie die Relativitätstheorie nicht entdeckte. Offenbar keine so leichte Sache.

Selbst mit einer Welt, in der Albert Einstein nicht Albert Einstein war, weiß Ihre Phantasie auf einmal nichts mehr anzufangen, und das, obwohl Sie sich noch immer problemlos eine Welt vorstellen können, in der Albert Einstein niemals existierte, ja sogar eine Welt vorstellen können, in der Albert Einstein einen anderen Namen trug.

Das verstehe, wer will, Sie jedenfalls nicht und vermutlich auch sonst keiner der hier anwesenden Namedropper. Macht auch nichts, Hauptsache, ein jeder unterhält sich prächtig. Nicht denken, reden. Wenn alle es können, wieso nicht Sie?

Übrigens plaudert Stefanie Flamm gerade am Buffet äußerst angeregt mit einem jungen Mann. Braunes Haar, grellrote Hornbrille, vermutlich Adam Soboczynski. Ihre Chance. Wann, wenn nicht jetzt? Einen eindrücklichen Spruch zum Gesprächseinstieg haben Sie ja mittlerweile parat: »Hallo, ich bin _ _ _ _ (hier Ihren Namen einsetzen!), und zwar in jeder möglichen Welt – obwohl ich gewiss auch ›_ _ _ _‹ (hier einen anderen Namen einsetzen) hätte heißen können.«

Probieren Sie diesen Spruch auf der nächsten Party einfach mal aus! Und sollte sich nach dieser Äußerung tatsächlich ein munteres Gespräch entwickeln, so wird es eines voller neuer Namen sein, sowie eines, in dem es um alles Mögliche geht. Versprochen!

Das Problem der *Eigennamen* und *Kennzeichnungen* ist im Bereich der analytischen Sprachphilosophie angesiedelt. Namen haben eine Bedeutung, vor allem haben sie als Namen eine Funktion im Gespräch: Sie beziehen sich auf einzelne Individuen (meistens Menschen, aber natürlich auch Städte, Flüsse etc.).
Aber wie tun sie das? Ganz elementar kann man auf die Individuen zeigen und sagen, »der/die/das heißt soundso« – und im Prinzip ist das Taufen auf einen Namen ein ähnlicher Akt. Aber ist das alles? Auf Aristoteles kann heute niemand mehr zeigen, und auf Homer auch nicht. (Und war Homer überhaupt eine einzige Person?)
Man kann diese Namen dennoch verwenden und sich damit auf die entsprechenden Individuen beziehen. Nur wie, wie geht das eigentlich?
Wer in diese Richtung denkt, stößt schnell auf die Rolle, die Kennzeichnungen für die Bedeutung eines Namens spielen – Kennzeichnungen wie »der Autor der *Ilias*«. Und spätestens ab hier wird es, sprachphilosophisch, recht schnell recht kompliziert, das heißt interessant.

Eine erste Einführung in den Themenbereich bietet einmal mehr Ernst Tugendhats und Ursula Wolfs *Logisch-semantische Propädeutik* (Stuttgart 1993) sowie Kenneth Taylors *Truth and Meaning* (Oxford 1998).
Wer sich viel zutraut und an einem intellektuellen Abenteuer interessiert ist, kann sich auch direkt auf Saul Kripkes berühmte Untersuchung *Name und Notwendigkeit* (Frankfurt a. M. 1993) stürzen, in welcher das Thema *Eigennamen* auf überraschende Weise entwickelt und auf noch überraschendere Weise mit anderen philosophischen Themen (wie etwa dem Leib-Seele-Problem) verknüpft wird.

Hat der Pokal *eigene* Gesetze?

Eine Sitzplatzübung in Fußballphilosophie

Hier sitze ich und könnte anders. Hier ist Berlin, das Olympiastadion, 19 Uhr, 24 Minuten und 59 Sekunden. Aus den Lautsprechern vernehme ich eine Dieter-Thomas-Heck-artige Stimme, die mir die existentielle Dramatik meiner Situation noch einmal deutlich zu Bewusstsein bringt. Das 62. Pokalfinale des DFB, in fünf Minuten beginnt es!

Pokalspiele, Pokalfinale zumal, haben bekanntlich ihren eigenen Charakter. Der Satz »Der Pokal hat seine eigenen Gesetze« zählt zu den ältesten Wahrheiten der Fußballkultur. Da mir bis zum Anpfiff noch fünf Minuten bleiben, werde ich eine Deutung dieses Satzes versuchen.

Natürlich ist Fußball kein theoretisches Problem. Es sind gewiss nicht Argumente, die einen wahren Fan ins Stadion treiben. Aber als wahrer Fan kann man immer noch eine Theorie darüber haben, um welche Art von Erfahrung es sich bei der wahren Fanerfahrung handelt und wie sie wohl am wirkungsvollsten erzeugt wird. Eine solche Theorie würde nicht zuletzt erklären, weshalb Milliarden Menschen so leben, wie sie leben, und vor allem, wonach sich diese hoffnungslos verlorenen Fußballseelen eigentlich sehnen, wenn sie sich allwöchentlich ihrem Spiel hingeben.

Außerdem gibt es noch eine andere zentrale Fanwahrheit, die besagt: *Fußball ist unser Leben.* Philosophie beginnt nun mit nichts anderem als der Ahnung, ein ungeprüftes Leben sei ein schlechtes Leben. Ich vermag selbst jetzt, fünf Minuten vor Anpfiff des Finales, keinen Grund zu erkennen, weshalb dieser Selbstprüfungsanspruch nicht auch für mein Leben als Fußballfan gelten sollte, und ich glaube ferner, dass jede ernsthafte und im Ergebnis überzeugende fußballphilosophische Selbsterkenntnis früher oder später auf die Spruchweisheit von den mutmaßlich eigenen Gesetzen des Pokals führen muss.

Ganz offensichtlich handelt es sich bei der Weisheit »Der Pokal hat eigene Gesetze« um einen Erfahrungssatz, der allgemeine Gültigkeit beansprucht und damit selbst den Charakter einer *Gesetzesaussage* hat. Sein Ursprung liegt, wie bei jeder Gesetzeserkenntnis, in dem Auftreten einer *erklärungsbedürftigen Regelmäßigkeit.* Irgendwann, stelle ich mir vor, fiel es irgendeinem Fan (vielleicht auch einem ganzen Fanklub) auf, dass Pokalspiele gewisse Besonderheiten aufweisen.

Im Falle des Pokals waren und sind die erklärungsbedürftigen Besonderheiten offenbar als Abweichungen von den Verläufen und damit Gesetzen zu verstehen, denen Ligaspiele unterliegen. Sollte es solche Ligagesetze überhaupt geben, so sind diese *statistischer Natur*. Statistische Gesetze führen letztlich zu Aussagen wie »Rauchen erzeugt Lungenkrebs« oder »Bayern wird Meister«, »Bayern wird gewinnen«.

Bereits die Gesetze, deren Wirken sich Pokalspiele regelmäßig entziehen, lassen also keine eindeutigen Prognosen für Einzelfälle zu, sondern allenfalls für vernünftig anzunehmende Wahrscheinlichkeiten gewisser Resultate.

Nach dieser Lesart beruht der Spruch von den eigenen Gesetzen des Pokals auf der Erfahrung, dass Pokalergebnisse von denen des Ligaalltags signifikant abzuweichen pflegen. Der Spruch verdankt sich damit der aufmerksamen Beobachtung einer *regelmäßigen Abweichung von einer nicht sonderlich regelmäßigen Regelmäßigkeit*. Kurz gesagt: Im

Pokal sind Ausnahmen eher die Regel, ist es wahrscheinlicher, dass Unwahrscheinliches geschieht.

So weit gekommen, lässt sich die These, die Faszination des Fußballs liege letztlich in der Eigengesetzlichkeit des Pokals begründet, mit einem weiteren Erklärungsansatz für die einmalige Anziehungskraft des Fußballs zusammenführen. Ich spreche konkret von Sepp Herbergers Mutmaßung, die Menschen gingen deshalb zum Fußball, weil sie *»nicht wissen, wie das Spiel ausgehen wird«*.

Trifft diese Interpretation zu, sind Pokalspiele schlichtweg deshalb besonders attraktive Veranstaltungen, weil sich eine im Vorfeld ohnehin chronisch unsichere Ergebniserwartung in ihrem Fall noch weiter verstärkt findet, womit auch das besondere Flair erklärt wäre, das Pokalspiele bereits vor Anpfiff kennzeichnet. Und es ließe sich dann sogar – mit Fußballphilosoph Sepp Herberger als Kronzeugen! – behaupten, Pokalspiele seien Begegnungen, in denen genau die Eigenschaften, denen *jedes Fußballspiel seine eigentliche Anziehungskraft* verdankt, mit besonderer Deutlichkeit und Häufigkeit hervortreten.

Doch selbst wenn das alles stimmt, so wäre damit noch nichts über die eigenen Gesetze, denen Pokalspiele angeblich folgen, gesagt, geschweige denn erkannt. Die Spruchweisheit hält die im Pokal gängige Abweichung lediglich fest, nennt die verlaufsbedingenden Gesetze im Einzelnen aber nicht, ja gibt nicht einmal vor, diese Gesetze überhaupt zu kennen.

Beim derzeitigen Stand der Fußballwissenschaft lässt sich in jedem Fall festhalten: Die eigenen, verlaufsbedingenden Gesetze des Pokals – sollte es sie geben – sind der Menschheit bisher verborgen geblieben.

Der einzige konkrete Beitrag, den die Fanvernunft zur Klärung des pokalspezifischen Gesetzesproblems zu geben vermag, besteht in dem Hinweis auf die *besonderen Regeln*, denen Pokalspiele unterliegen. Insbesondere wird im Pokal die Möglichkeit des »Unentschieden« ausgeschlossen. Ferner ist ein Pokalspiel prinzipiell nicht auf Wiederholbarkeit angelegt. Diese Tendenz zur Konzentration auf das Einzelereignis wird verschärft durch die wettbewerbsprägende Aussicht, im Pokal bereits durch wenige erfolgreiche Partien einen großen Titel erringen zu können – was den Pokal nicht zuletzt für Spielmanipulationen besonders attraktiv und anfällig macht.

Schließlich kommt es im Pokal notwendigerweise zu Begegnungen, die innerhalb des Ligaalltags ausgeschlossen sind. Häufig spielen die Mannschaften zum ersten und einzigen Mal in ihrer Geschichte gegeneinander – wobei das unterklassige Team gewöhnlich Heimrecht genießt.

Durch ungewöhnliche Begegnungen unter Sonderbedingungen geht es im Pokal um eine *Dramatisierung und Intensivierung* der üblichen Spielerfahrung. Vor allem scheint dem Pokal an einer intensivierten Wahrnehmung einzelner Augenblicke gelegen zu sein. Und je länger solch ein Pokalspiel unentschieden auf der Kippe verweilt, kommt es – für Spieler wie für Zuschauer – zu einer weiteren Verdichtung auf den jeweils einzelnen und potenziell *spielentscheidenden Augenblick*.

Auch in dieser Hinsicht weisen Pokalspiele also ebenjene Eigenschaften in besonderer Ausprägung auf, denen jedes Fußballspiel – und womöglich jedes Spiel, das uns in seinen Bann zieht – seine Attraktivität und seinen Reiz verdankt.

Ganz allgemein lässt sich festhalten, Pokalspielen ginge es in besonders konsequenter Weise darum, gewisse Geschehensabläufe und damit Erfahrungen hervorzubringen, die im Alltag in dieser Reinheit nicht auftreten – worauf Trainer, Spieler und Fans das Geschehen im Nachhinein dann genauestens analysieren und reflektieren können.

So gesehen ähneln Pokalspiele wissenschaftlichen Experimenten, und zwar vor allem solchen Experimenten, in denen neuartige Gesetzesvermutungen geprüft oder sogar entdeckt werden. Denn beim wissenschaftlichen Experimentieren geht es letztlich auch um nichts anderes als die *kontrollierte Erzeugung von Erfahrungen, die im normalen Leben in dieser Reinform so nicht auftreten.*

Der einzig relevante Unterschied zwischen Fußballspielen und experimenteller Laborwissenschaft bestünde darin, dass die experimentelle Anordnung eines Pokalspiels bereits von jedem Fünfjährigen begriffen werden kann und dass an solchen Pokalexperimenten im Extremfall bis zu zwei Milliarden Menschen gleichzeitig teilnehmen – was nur beweist, wie ausgesprochen attraktiv und ersehnt die durch das Fußballexperiment in Aussicht gestellte Erfahrung ist.

Um welche ersehnte Erfahrung es sich konkret handelt?

Ein gelungenes Fußballexperiment erzeugt die Erfahrung der fundamentalen Offenheit und Unverfügbarkeit seines eigenen Ausgangs. Die eigentliche Genialität dieser sportlichen Experimentalkultur ist darin zu erkennen, dass eine Pokalbegegnung nur dann wirklich erfolgreich abläuft und den gewünschten Effekt erzielt, wenn sämtliche spielenden Experimentteilnehmer alles in ihrer Macht Stehende unternehmen, der befürchteten Unverfügbarkeit des Ausgangs zu trotzen, wenn sie anstreben, den Verlauf des Experiments selbst zu kontrollieren und auf ein bestimmtes Resultat hinzuführen.

Natürlich gibt es auch einen empirischen Beweis für das *regelmäßige Scheitern sämtlicher regelgemäßer Kontrollanstrengungen.* Dieser Beweis besteht in nichts anderem als der durch hundert Jahre Pokaltradition empirisch sattsam bestätigten Fußballweisheit, der Pokal habe seine eigenen Gesetze!

Der Pokal ist also eine extrem ausgeklügelte Versuchsreihe, die ihre Gesetze mit jedem einzelnen Experiment neu schafft und dynamisiert – und nur so *das Gesetz ihrer Gattung wahren kann, welches darin besteht, jeweils ganz eigene Gesetze zu haben.*

Ich vermag mir beim besten Willen nicht vorzustellen, wie und weshalb ein wahrer Fan, der also etwas vom Fußball versteht, dieser Analyse widersprechen sollte. Genauso wenig wie ich mir vorstellen kann, dass irgendein Mensch durch diese Analyse zum Fußballfan bekehrt wird. Wie gesagt, die tätige, unbedingte und frohe Hoffnung auf die Gesetze des Pokals – also das wahre Fandasein – ist keine Frage von Argumenten, sondern von vornherein eine Frage der *persönlichen und im besten Fall vollends gedankenlosen Erfahrung.*

Ich kann hier natürlich nur für mich selbst sprechen:

Je tiefer ich in der Betrachtung einer wahren Pokalpartie, in der das Spiel gleichsam auf dem Spiel steht, versinke, desto intensiver erfahre ich auch ihre unwiederholbare Einmaligkeit und fundamentale Offenheit. Es ist mir dann wirklich, als sei dieses Spiel zu nichts anderem geschaffen, als mir die ganze Möglichkeitsfülle jedes einzelnen erlebbaren Augenblicks vor Augen zu führen. Und spätestens wenn ein unnötiger Ballverlust in der 92. Minute mich mit der Unmittelbarkeit meines eigenen Empfindens konfrontiert, ist es auch mit dem Denken ganz vorbei. Dann ist da etwas, in dem ich mich verliere, zu dem es keine Distanz mehr gibt, etwas, dem ich nicht misstraue, obwohl es sich wirklich anfühlt. Es ist der Moment meiner wahren Fanempfindung.

Natürlich tritt diese endlose beglückende Erfahrung, die sich dem wogenden Sein des Spiels überlässt, nicht bei jeder Partie auf. Im Pokal aber vergleichsweise oft. Und es ist eine Empfindung, ohne die ich mir ein Leben einfach nicht vorstellen will.

Hier aber muss ich schließen. Denn jetzt geht's los. Hoffentlich gewinnen meine Bayern.

WAS PHILOSOPHEN DARÜBER DENKEN

Jeder Fan ist sein eigener und bester Fußballphilosoph. Dabei soll es auch bleiben.

Wer trotzdem neugierig ist, was professionell Philosophierende heute über Fußball und den Reiz der sportlichen Erfahrungen denken, findet keinen besseren Einstieg als Hans Ulrich Gumbrechts *Lob des Sports* (Frankfurt a. M. 2005).

Wer daran interessiert ist, was es aus philosophischer Sicht mit dem Gesetzesbegriff auf sich hat, erfährt (fast) alles Wissenswerte in Michael Hampes *Gesetz und Distanz* (Heidelberg 1998).

Einen vertiefenden Eindruck, inwiefern wissenschaftliche Experimente und Pokalspiele tatsächlich wesentliche Gemeinsamkeiten teilen, gewährt Hans Jörg Rheinbergers *Experiment, Differenz, Schrift* (Marburg an der Lahn 1992).

Beim Weihnachtsmann

Ich fürchte, kaum ein Satz auf den folgenden Seiten ist wahr. Mit dem Inhalt der Geschichte, die auf den folgenden Seiten erzählt wird, hat dies allerdings nichts zu tun. Sie ist genau so passiert. Diese Geschichte handelt vom Weihnachtsmann, davon, wie ich den Weihnachtsmann besucht und ihm einen Tag lang bei der Arbeit zugesehen habe. Ich kann das beweisen. Es existieren davon Fotos.

Der Besuch beim Weihnachtsmann war nicht meine Idee. Eine Zeitung hatte mich zu ihm geschickt. Wenn hier vom Weihnachtsmann die Rede ist, so ist damit natürlich nicht irgendein x-beliebiger verkleideter Student gemeint, der ab Anfang Dezember von Haushalt zu Haushalt hastet. An derartigen Subjekten hat eine große deutsche Tageszeitung kein Interesse. Nein, es geht auf den folgenden Seiten um den einen, einzigen und eigentlichen, eben *den* Weihnachtsmann. Damit wissen Sie auch, weshalb kaum ein Satz auf den folgenden Seiten wahr ist. Den Weihnachtsmann gibt es nicht. Und Sätze, die von Gestalten handeln, die nicht existieren, können nicht wahr sein. Das leuchtet jedem ein.

Nehmen Sie beispielsweise die Behauptung »Der Weihnachtsmann hat einen weißen Bart«.

Eine sehr umständliche, dafür aber restlos gründliche Methode, die Wahrheit dieses Satzes zu überprüfen, bestünde darin, sämtliche existierende Personen aufzuzählen, die einen weißen Bart tragen oder jemals getragen haben. Der Weihnachtsmann wird sich nicht unter ihnen befinden.

Das bedeutet allerdings nicht, die Behauptung sei falsch.

Denn wenn sie falsch wäre, müsste der Satz »Der Weihnachtsmann hat keinen weißen Bart« wahr sein, was offensichtlich nicht der Fall ist. Werden nämlich sämtliche Personen aufgezählt, die keinen weißen Bart tragen noch jemals getragen haben, wird der Weihnachtsmann auch auf einer solchen Liste fehlen.

Sätze, die vom Weihnachtsmann handeln, sind also offensichtlich zu sinnlos, um auch nur falsch sein zu können. Der Grund ist einfach. Um feststellen zu können, ob etwas auf jemanden zutrifft oder nicht, muss dieser Jemand existieren. Genau das aber tut der Weihnachtsmann nicht.

Diese Diagnose, nach der sich über jemanden, den es nicht gibt, auch nicht bedeutungsvoll sprechen lässt, ist natürlich ein bisschen misslich; insbesondere für diese Geschichte, die vom Weihnachtsmann handelt und sich genau so zugetragen hat.

Als der Redakteur anrief und mir das Angebot machte, mitten im Hochsommer nach Nordfinnland zu fliegen, um den Weihnachtsmann in seinem Santa-Claus-Village am Polarkreis zu besuchen, hatte ich mich auch dementsprechend geziert. Dann muss ich dem Leser doch erst einmal erklären, wie ich jemanden besuchen und über jemanden schreiben kann, den es nicht gibt, und ich glaube nicht, dass ich das kann, erklärte ich dem Redakteur.

Es war abzusehen, was er darauf entgegnen würde, nämlich dass darin ja ein möglicher Reiz des Artikels bestehen könnte, nur solle ich, fügte er rasch hinzu, um Gottes willen kein philosophisches Problem daraus machen. Den Weihnachtsmann mitten im Juli, zur Zeit der Mitternachtssonne in Lappland zu besuchen, sei für den Leser bereits interessant genug.

Der Leser, müssen Sie wissen, spielt in solchen Gesprächen immer die Hauptrolle. Und natürlich gibt es hier in Wirklichkeit kein ernsthaftes Verständnisproblem. Sie wissen ganz genau, wovon in Weihnachtsmannsätzen die Rede ist, wissen, auf wen sich der Name »Weihnachtsmann« in diesen Sätzen bezieht. Schließlich gibt es durchaus eine Sichtweise, nach der Sätze wie »Der Weihnachtsmann hat einen weißen Bart« oder »Der Weihnachtsmann reitet auf seinem Rentierschlitten« wahr sind. Sie sind wahr in Bezug auf die Geschichte vom Weihnachtsmann. Diese Geschichte gibt es. Sie wird überall auf der Welt erzählt.

Wer die Behauptung aufstellt, der Weihnachtsmann habe einen weißen Bart, tut das vor dem Hintergrund dieser real existierenden Weihnachtsmanngeschichte, deren aufmerksame Lektüre wiederum den Prüfstein für die Wahrheit oder Falschheit von Weihnachtsmannbehauptungen bildet.

Lässt man sich darauf ein, gibt es (mindestens) zwei Wirklichkeiten. Eine Weihnachtsmanngeschichtenwirklichkeit und eine Wirklichkeit, in der wir diese Weihnachtsmanngeschichtenwirklichkeit immer wieder neu ins Leben rufen, indem wir uns diese Geschichte erzählen. Und weil es in der Wirklichkeit, in der wir diese Geschichte erzählen, kein Individuum gibt, auf das buchstäblich zutrifft, was vom Weihnachtsmann erzählt wird, gibt es, wie wir sagen, »in Wirklichkeit« keinen Weihnachtsmann.

Es gibt in Wirklichkeit keinen guten Onkel mit weißem Bart und rotem Samtanzug, der am Nordpol wohnt und am Weihnachtstag auf seinen Rentierschlitten steigt, um den Kindern der Welt ihre Geschenke zu bringen – und es hat auch niemals so jemanden gegeben. Die Geschichte ist frei erfunden.

Was es in dieser Wirklichkeit allerdings gibt, ist ein ungemein gutmütig wirkender Onkel mit weißem Bart und rotem Samtanzug, der am Polarkreis wohnt und am Weihnachtstag – vor 200 eigens angereisten Kamerateams – auf seinen prall bepackten Rentierschlitten steigt, um den Kindern dieser Welt ihre Geschenke zu bringen. Das ist, der Leser ahnt es, der Weihnachtsmann, den ich mitten im Hochsommer bei der Arbeit besucht habe. Dieser Weihnachtsmann hat eine Adresse, eine Anschrift, sein persönliches Postamt, sein eigenes Dorf, seine Website und in Rovaniemi sogar seinen eigenen offiziellen Weihnachtsmannflughafen. Jährlich schreiben ihm Millionen von Menschen, Hunderttausende pilgern in seine Kammer und lassen sich dort für 17 Euro pro Abzug fotografieren. Jahresumsatz 245 Millionen Euro.

Wer diesen Weihnachtsmann in unsere Wirklichkeit rief? Die fiktive Geschichte. Ohne diese Geschichte – und all die mutmaßlich sinnlosen Sätze, aus denen sie besteht – gäbe es weder ihn noch das Dorf, in dem er wohnt. So beschrieben, ähnelt der Weihnachtsmann im Santa-Claus-Village übrigens einem Bekannten von mir, der vor etwas mehr als zehn Jahren, nachdem er ein Buch des Schriftstellers Peter Handke gelesen hatte, in dem »Peter Handke«, schreibt Handke, in einer spanischen Provinzstadt namens Soria ein Hotelzimmer mietet, sich dort an den Holztisch setzt, sorgfältig seine Bleistifte spitzt und daraufhin beginnt, das Buch zu schreiben, in dem diese Geschichte erzählt wird.

Wegen dieser Szene in genau diesem Buch ist mein Bekannter damals selbst mit einem Mäppchen voller Bleistifte nach Soria gefahren, um dort selbst ein Buch zu schreiben, und er hat dieses Buch auch tatsächlich geschrieben. Seitdem lebt dieser Bekannte als Schriftsteller in Spanien (allerdings in Andalusien, weil ihm Soria doch zu langweilig wurde) und schreibt Geschichten von der Art, wie sie irgendeinen jungen Menschen verführen können, sich selbst mit einem Laptop nach Andalusien aufzumachen, um dort ein Buch zu schreiben. Das ist wahr. Den Typen gibt es. Wirklich.

Aber welche Geschichte war es wohl, auf die der Weihnachtsmann in Lappland einst zurückgriff, als er sein Dorf baute, um der zu werden, der er heute ist? Welche Weihnachtsmanngeschichte bildet eigentlich für uns heute den Prüfstein, wenn es darum geht, die Wahrheit und Falschheit von Behauptungen über den Weihnachtsmann zu bestimmen? Allein in den Läden des Santa-Claus-Village in Rovaniemi findet man unzählige verschiedene Versionen von Weihnachtsmanngeschichten aus aller Herren Länder. Und gerade im Falle einer Gestalt wie dem Weihnachtsmann ist völlig unklar, welche Geschichte über den Weihnachtsmann denn die Originalgeschichte sein soll, an die sich »wahre« Sätze über den Weihnachtsmann zu halten haben.

Dennoch, irgendwelche Eigenschaften musste ein Charakter in jedem Fall erfüllen, um in einer Geschichte als Weihnachtsmanngestalt anerkannt zu werden. Es gibt so etwas wie ein Bündel von Kerneigenschaften, die den Sinn des Namens »Weihnachtsmann« sichern.

Eine Gestalt mit dem Namen »Weihnachtsmann«, die als Frau in Bamberg lebt und dort Islamwissenschaften studiert, ist zum Beispiel mit Sicherheit keine weihnachtsmannartige Gestalt, eine Geschichte, die von solch einer Frau erzählt, keine Weihnachtsmanngeschichte, wie auch einem Themenpark, in dem solch eine Gestalt täglich Audienz hält, kaum Erfolg beschieden sein dürfte.

Der Weihnachtsmann am finnischen Polarkreis hingegen

hat riesigen Erfolg und macht, ich habe es selbst gesehen, einen ausgezeichneten Job. Er ist unter allen menschlichen lebendigen Wesen auf diesem Planeten zweifellos derjenige, der den weltweit anerkannten Kerneigenschaften der Kerngeschichte vom Weihnachtsmann am nächsten kommt. Viele Weihnachtsmannkriterien erfüllt er buchstäblich (Uniform, Rentiere, Schlitten, Anmutung), manchen kommt er sehr nahe (er wohnt zwar nicht am Nordpol, aber immerhin am Polarkreis), in einigen Bereichen bemüht er sich nach Kräften (er bringt Kindern tatsächlich Geschenke und beantwortet, weltweit, jeden Brief), und wenn man diesen Menschen von Angesicht zu Angesicht fragt, was er das ganze Jahr über so macht, so antwortet er, wahrheitsgemäß, er sei der Weihnachtsmann.

Wenn der Unterschied zwischen einer fiktiven und einer realen Gestalt im Wesentlichen darin besteht, dass es in der Wirklichkeit, in der die Geschichte dieser Gestalt erzählt wird, niemanden gibt oder gab, auf den die in der Geschichte gelieferten Beschreibungen buchstäblich zutreffen, dann gibt es den Weihnachtsmann unter Umständen doch.

Sollte sich ein Leser jedenfalls unvoreingenommen auf die Suche nach dem Weihnachtsmann machen, weil er wissen will, ob es diese Gestalt gibt oder nicht, und sollte er sich bei seiner Suche vom inhaltlichen Kern der Weihnachtsmanngeschichten dieser Welt den Weg weisen lassen, wird er mit großer Wahrscheinlichkeit im Santa-Claus-Village am Polarkreis in Rovaniemi landen und damit vor der Frage stehen, wie viele Weihnachtsmannkriterien ein Individuum in Wirklichkeit erfüllen muss, um der Weihnachtsmann zu sein.

Die Antwort auf die Frage, ob es den Weihnachtsmann

wirklich gibt, läge mit anderen Worten vor allem im Ermessen des mündigen Lesers; nicht zuletzt hinge sie davon ab, welcher der Weihnachtsmanngeschichten er den Vorzug gibt.

Das glaubt der Leser natürlich nicht, und das ist auch in keiner deutschen Tageszeitung so unterzubringen. Es sei deshalb zum Schluss noch auf dreierlei hingewiesen:

Dies war eine wahre Weihnachtsmanngeschichte.

Diese Geschichte ist so niemals erschienen.

Es spricht aus philosophischer Sicht einiges dafür, dass sie mehrheitlich aus vollkommen sinnlosen Sätzen besteht.

WAS PHILOSOPHEN DARÜBER DENKEN

Kaum etwas ist leichter, als sich ein Wesen auszudenken, das es nicht gibt. Und kaum etwas schwerer, als zu erklären, inwiefern es diese erfundenen Wesen nicht gibt.

In welchem Verhältnis stehen, ganz allgemein gefragt, fiktionale Welten und Wesen zu der so genannten Wirklichkeit, in der wir alle leben? Kann man, konkreter nachgehakt, über Wesen, die es nicht gibt, überhaupt wahre oder zumindest sinnvolle Behauptungen aufstellen? Um diese Frage zu beantworten, wäre wohl zunächst zu klären, wovon wir eigentlich reden, wenn wir die Namen von fiktionalen Wesen im Munde führen und gewisse Behauptungen über sie aufstellen.

Erste Anhaltspunkte hierzu bietet Gottlob Frege in seinem Artikel »Über Sinn und Bedeutung« (orig. 1892, zu finden in: G. Frege, *Funktion, Begriff, Bedeutung*, Göttingen 1994). Eine sehr geistreiche und gleichzeitig philosophisch avancierte Behandlung des

Problemfeldes bietet Nelson Goodmans *Weisen der Welterzeugung* (Frankfurt a. M. 1998). Eine eher literaturwissenschaftlich geprägte Behandlung des Themas bietet Thomas G. Pavels *Fictional Worlds* (Cambridge 1986).

Sie haben eine ungelesene Nachricht!

Stellen Sie sich vor, Sie hätten sich die letzte halbe Stunde durch eine Glasscheibe beobachten können. Was für ein Wesen hätten Sie da gesehen?

Eines, das zwanghaft ein immer gleiches, offenbar ergebnisloses Muster wiederholte. Wie ein Tier im Zookäfig haben Sie sich verhalten, wie einer von diesen Menschenaffen, die ihren Tag damit zubringen, von einem Käfigende zum anderen zu laufen, immer die gleiche Schleife, immer der gleiche Weg, gefangen in ihrer eigenen, sinnlosen Gewohnheit. Ein Wesen mit traurigen Augen, das hätten Sie gesehen.

Haben Sie aber nicht. Sie waren ja damit beschäftigt, Ihr E-Mail-Postfach alle zwanzig Sekunden zu überwachen, und Sie können auch sagen, weshalb Sie das taten: Sie warten auf eine sehr wichtige Nachricht.

Klar, aus der Innenperspektive sieht es anders aus. Vor allem fühlt es sich anders an. Es gibt da, bei jedem erneuten Öffnen Ihres Postfaches, eine Emotionskurve, ein leichtes, erwartungsfrohes Hoch, kurz bevor die Meldung »Keine neuen Eingänge« kam, und als Sie vor einer Minute ein fröhlich blinkendes »Sie haben zwei neue Nachrichten« wahrnahmen, da stieg diese Kurve weiter an. Sie sahen sofort nach, was für Nachrichten es waren: Ihnen wurden mal wieder irgendwelche widerlichen Schweinereien in der unmittelbaren Nachbarschaft angeboten.

Ständig kommen solche Nachrichten, Newsletter, Werbung, Veranstaltungshinweise, lauter Infomüll, erregen Ihre Aufmerksamkeit, erzeugen falsche Hoffnungen, stehlen

Ihre Zeit … Na ja, eigentlich nicht. Sie warten ja sowieso. Nur die Mail, auf die Sie eigentlich hoffen, die will nicht eintreffen.

Was war das früher noch schön! Ein unbestreitbarer Freiheitszuwachs war die E-Mail, lang verlorene Freunde meldeten sich, Sie sparten jede Menge Telefonkosten ins Ausland, lernten sogar ein paar neue Menschen kennen, Texte liefen in Windeseile um den Globus, später auch Bilder. Mobilität, Unabhängigkeit, dafür stand das weltweite Netz in Ihrem Leben. Das war kein nachgeäfftes Werbegeschwätz, das war wirklich so!

Jetzt zappeln Sie in diesem Netz, jetzt hält es Sie gefangen. Jeden Tag, Klickzwang, privat, beruflich, Sie sind total mobil gemacht, immer auf Abruf, versklavt von der einstigen Freiheit.

Und wissen Sie, was das Schlimmste an dieser Situation ist? Ich erzähle Ihnen damit absolut nichts Neues. Das sind Gemeinplätze. Zeitgeistweisheiten, so platt wie ein Trottoir. Sie wissen das alles. Die ganze Welt weiß es. Und kann es trotzdem nicht lassen, will es nicht ändern. Da soll noch ein Philosoph behaupten, Selbsterkenntnis sei der erste Schritt zur Besserung, soll es wagen, zwischen Einsicht in das Gute und das konkret gute Handeln ein geistiges Gleichheitszeichen zu setzen. Das ist doch absolut lächerlich!

Das Gegenteil ist wahr. Ihre Fähigkeit, das Missliche Ihrer Lage und vor allem das Missliche Ihres Verhaltens in dieser Lage reflektieren zu können, macht die Sache für Sie nur noch unangenehmer, vermittelt Ihnen ein noch erdrückenderes Gefühl von Unfreiheit. Denn was Sie erkennen, ist vor allem eines: Ihr Problem ist ganz offensichtlich *kein* Erkenntnisproblem. Sie wissen, was Sie tun, ist nicht gut. Sie wissen, Ihre schlechte Gewohnheit ist schon mehr als das, sie ist eine Sucht. Sie wissen, dass Sie morgen wieder hier sitzen und klicken werden, mindestens 50 Mal pro Tag.

Erkenne dich selbst! Das mag ja ein wohlmeinendes Programm sein, aber ob es die eigene Befindlichkeit verbessert, hängt doch vor allem davon ab, was der Betreffende konkret zu sehen bekommt, sobald er sich selbst erkennt!

Sie sehen im Moment einen Menschen, der alles Nötige wüsste und alle Freiheiten hätte, dieses stupide, monotone und unendlich frustrierende Muster, das Sie unablässig wiederholen, zu stoppen. Aber Sie sehen auch einen Menschen, der genau das nicht tut. Wo, bitte schön, liegt da die Verbesserung?

Sie sind zwar noch nicht so weit, den Affen im Zookäfig zu beneiden, aber immerhin müsste dieses arme Vieh sich nicht selbst verfluchen, wenn es darüber nachdenken könnte, warum es den ganzen Tag wie blöd hin und her läuft. Sie schon.

Immer noch nichts.

Der andere ist schuld. Der macht seinen Job nicht anständig, hält sich nicht an getroffene Absprachen. Sie hatten extra um zügige Rückmeldung gebeten, das kann doch nicht so schwer sein. Wenigstens eine Eingangsbestätigung müsste drin sein, nur um zu erfahren, dass die Mail nicht im fremden Spamfilter aussortiert wurde. Oder haben Sie sich bei der Adresse vertippt? Eine Fehlermeldung, mal sehen, nein, die kam nicht.

Letztlich ist das doch nur ein Machtspiel. Der lässt Sie zappeln. Der weiß, dass Sie warten. Das macht dem Spaß. Ist überhaupt eine untrügliche Methode, Ihren eigenen Status im Netz zu ermitteln. Überprüfen Sie einfach die Antwortgeschwindigkeiten von Ihnen abgesandter E-Mails.

Diejenigen, die gewöhnlich schneller antworten als Sie, sind Ihre Untergebenen, diejenigen, die sich mehr Zeit lassen, sind Ihre Vorgesetzten. Gibt es ein besseres Mittel, jemanden gefügig zu machen, als ihn warten zu lassen?

Das ist also Ihre Situationsanalyse: Der andere ist schuld! Da haben Sie sich aber fein eingerichtet in Ihrer Opferrolle. Wenn Sie Spaß daran haben, sich in dieser Beschreibung einzunisten, sich als Opfer des anderen, des Systems, gar einer fehlerhaften Prämisse der Philosophie des Abendlandes zu erkennen, bitte schön, das ist Ihre Sache.

Aber Spaß haben Sie ja offensichtlich nicht. Sie sind im Gegenteil höchst unzufrieden in dieser Situation und erliegen weiß Gott nicht zum ersten Mal diesem stumpfen Zwang.

Vielleicht hören Sie einfach mal mit dem Gewinsel auf und versuchen es mit wahrer Selbsterkenntnis, versuchen, sich jetzt, in diesem Moment, zu vergegenwärtigen, aus welchen Gründen Sie tagtäglich Ihre E-Mails checken, und schreiben für jeden dieser Gründe gleich den erstbesten Gedanken dahinter, der Ihnen als mögliches Gegenargument einfällt.

Gründe der Postfach-überprüfung	*spontane Eigenbewertung*
A aus Langeweile	Wer Langeweile hat, ist dumm.
B um mich abzulenken	Meine Aufgabe ist offenbar nicht interessant.

C	um mich zu entspannen	Ist das wirklich so entspannend?
D	weil immer eine Mail kommen kann, die alles über den Haufen wirft	Eben, das kann immer passieren, aber ich kann nicht immer alles über den Haufen werfen, sonst gehe ich im Chaos unter.
E	weil die konkret erwartete Mail wichtig ist	Sooo wichtig wird sie schon nicht sein.
F	Doch, sie ist sooo wichtig.	?

Sie sind im Moment wirklich in einer F-Situation?

Gut. Ich glaube Ihnen. Aber müssen Sie deshalb wirklich alle zwanzig Sekunden Ihr Postfach überprüfen? Spielen in dieses Handeln nicht auch die Faktoren A und B hinein? Und sollte die erwartete Mail wirklich so wichtig sein, wäre es nicht besser, sich ein wenig zu entspannen, bevor es weitergeht, siehe Punkt C?

Kommt es übel, tritt jetzt gleich Fall D ein. Dann stecken Sie wirklich in der Tinte, wissen weder ein noch aus, dann geht der Stress erst richtig los. Und es soll sogar Menschen geben, die in diesen D-F-Situationen erst recht weiter ihre E-Mails checken, aus reinem Stress, und so natürlich noch mehr Stress erzeugen – und dann am Ende noch anderen Menschen die Schuld dafür geben, dass sie selbst nichts gebacken kriegen.

Tun Sie das nicht! Überlegen Sie sich lieber, was Sie die

letzten zwei Minuten getan haben. Haben Sie auf Ihre Mail gewartet?

Haben Sie nicht. Sie haben darüber nachgedacht, *weshalb* Sie auf diese Mail warten – und das ist etwas ganz anderes, als vor dem Bildschirm zu sitzen und in der sich wiederholenden Leere des eigenen Postfachs zu versinken.

Zugegeben, Ihr eigentliches Problem ist immer noch ungelöst, die Mail lässt weiter auf sich warten. Aber immerhin haben Sie Ihre Aufmerksamkeit in den letzten zwei Minuten auf ein anderes Thema gelenkt, und dieser Themenwechsel hat zu einem Selbstempfinden geführt, das weniger unangenehm war als das bloße Warten auf die Mail. Es war nicht ganz so trüb und langweilig. Das lässt sich, als Tatbeweis, direkt auf Listenpunkt A beziehen. Sie sind nicht dumm. Vor allem aber räumen die letzten zwei Minuten, ihr konkretes Erfahren dieser Zeitspanne, ein gängiges und durchaus verheerendes Vorurteil aus der Welt: Der Prozess der Selbsterkenntnis – also das Bemühen eines Individuums um Erkenntnis der Entstehungsbedingungen einer Situation, die von dem Individuum, das sich in dieser Situation befindet, selbst negativ bewertet und empfunden wird – ist *nicht* etwa nur der erste Schritt auf dem Weg zur Besserung! Es ist, als sich vollziehende Handlung, ganz konkret die Verbesserung selbst!

Die Mail ist immer noch nicht da. Also, machen Sie mit dem Spiel weiter. Woran liegt das, wie kommt es in Ihrem Leben zu solchen F-Situationen?

Gründe für F-Blockaden	*spontane Selbstantwort*
a weil mir wichtige Informationen fehlen	Gibt es keinen anderen Weg, sie in Erfahrung zu bringen?

b	weil ich ohne diese Mail den Kopf nicht für anderes frei bekomme	Das liegt nur an mir und niemandem sonst.
c	weil ich unsicher bin, eine Bestätigung für das Getane brauche	Was für eine Unsicherheit? Ist sie sachlicher oder rein emotionaler Natur?
d	Die Bestätigung wird vom Arbeitsprozess erfordert, ist strukturell bedingt.	Wusste ich das nicht vorher? War dieses Stocken nicht abzusehen? Warum habe ich nichts anderes vorbereitet? Siehe Punkte A, B, C oben.
e	Die Antwort-Mail ist wirklich wegweisend, von ihr hängen die nächsten Wochen ab.	Das ist schlecht, mein Tun und Lassen hängt für Wochen von einer einzigen Mail ab, und damit von dem Willen eines einzigen Menschen im Netz; abhängiger, unfreier kann man als Individuum kaum sein.

Situation F-e ist es also, in der sind Sie gerade.

Trifft das wirklich zu, dann haben Sie vielleicht doch Recht, und jeder ernsthafte Versuch, Einsicht in die Entstehungsbedingungen Ihrer Situation zu gewinnen, macht alles nur noch trauriger. Denn was Ihnen diese Listen, je ehrlicher und genauer sie erstellt würden, vor Augen führten, wäre Ihre fundamentale Abhängigkeit von Faktoren, die weitgehend außerhalb Ihres eigenen Steuerungsvermögens liegen.

Tatsächlich könnten Sie dieses Spiel ja jetzt, Listenpunkt für Listenpunkt, noch weiter treiben und für jeden Unterpunkt wieder eine neue Liste mit Entstehungsbedingungen entwerfen. Was träten da nicht alles für Abhängigkeiten und Unfreiheiten an den Tag! Ein in sich kompliziert verflochtenes Netz von Abhängigkeiten ganz verschiedener Art ergäbe sich da: technische Abhängigkeiten zum Beispiel, die das Funktionieren Ihres Computers und des Servers betreffen, Abhängigkeiten von der offensichtlich ungeschickten Organisationsstruktur Ihres Auftraggebers, Abhängigkeiten von der Qualität Ihrer eigenen Arbeit, die Sie auch nur bedingt steuern und verbessern können, Abhängigkeiten von der Kompetenz des konkreten Adressaten, Ihres »Vorgesetzten«, psychologische Abhängigkeiten von seiner Stimmungslage, von seinem schwankenden Wohlwollen.

Es gäbe unzählige Netze mehr, die die Situation, in der Sie jetzt sind, bedingen und bilden, Abhängigkeiten, die in ihrer verflochtenen Gesamtheit Ihr Leben bestimmen und die Sie selbst nicht leicht ändern können. Sie sind der geworden, der jetzt hier sitzt und gestresst auf diese hochwichtige Mail von dieser konkreten Person wartet … Und jetzt, nachdem Sie dieses Netz von Abhängigkeiten in Ansätzen freigelegt haben, jetzt, wo Sie die Bedingungen der Wirklichkeit Ihrer misslichen Lage in den Blick bekommen haben, jetzt gibt es da doch tatsächlich eine ganze Industrie von Lebenshilferatgebern, die alle auf den einen zentralen Punkt hinauslaufen und die alle an dem einen zentralen Punkt ansetzen: nämlich Ihnen und nur Ihnen. Da lesen Sie Sätze wie:

Es liegt ganz allein an Ihnen, wie Sie sich fühlen und in welche Situationen Sie geraten und wie Sie diese Situationen bewerten!

Sie sind der Herr über Ihr Empfinden, über Ihr Leben, über jede einzelne Ihrer Handlungen!

In der Badewanne Ihres Lebens sind Sie der Kapitän!

Sie entscheiden, ob Sie auf diese E-Mail warten wollen und vor allem, wie Sie auf diese E-Mail warten wollen – und niemand sonst!

In welcher Welt wohl Menschen leben, die ernsthaft solche Thesen in die Welt setzen und sie dann auch noch als konkrete Lebenshilfe anbieten?

Ich kann Ihnen darauf auch keine Antwort geben.

Manchmal hat man das Gefühl, diese Menschen und alle Menschen, die daran glauben, wirklich der unbedingte Herr ihres eigenen Handelns, Lebens und Fühlens zu sein, *träumen mit offenen Augen*! Jedenfalls verdrängen sie die natürlichste und offensichtlichste Einsicht, die es überhaupt gibt: die einer fundamentalen Abhängigkeit von einer tatsächlich unüberschaubaren Vielfalt verschiedenster Faktoren, die alle zusammen die Situation konstituieren, in der Sie gerade sind und sich schlecht fühlen.

Aus diesem verwickelten Netz von Faktoren einen einzigen Faktor herauszugreifen ist eine fast gewaltsam grobe Vereinfachung der tatsächlichen Bedingungsverhältnisse.

Sich jetzt, in dieser Situation, ernsthaft einzureden, das alles läge nur an einem selbst und niemand anderem, ist so gesehen ebenfalls eine schlechte oder zumindest höchst unzureichende Lösungsstrategie, weil sie einen einzigen Faktor in diesem Abhängigkeitsgeflecht – nämlich Sie, als vorgeblich unbedingt selbstbestimmte Person – herausgreift und als den letztlich allein bestimmenden Situationsfaktor herausstellt, was faktisch einer massiven Selbstüberschätzung Ihrer tatsächlichen Einflussmacht gleichkommt.

Dieses Sicheinreden der eigenen Stärke und eigenen Steuerungsmacht kann in vielen Fällen eine Strategie sein, die Ihre Abhängigkeit und auch Ihren konkreten Misserfolg im »Netz« nur noch verstärkt, und zwar genau deshalb, weil sie Ihnen einen falschen Eindruck von Ihrer tatsächlichen Einflussmacht vermittelt. Man nennt solch einen beschreibungsbedingten Verzerrungseffekt, der nichts oder bewusst zu wenig zur tatsächlichen Erkenntnis Ihrer Lage beiträgt, übrigens auch *Ideologie*.

Und was wäre dann die vernünftige Alternative zu dieser Ich-Ideologie der unbedingten Selbstbestimmung? Doch nicht etwa die Winselschleife einer ewigen und unauslöschbaren Abhängigkeit von Faktoren, die außerhalb des eigenen Machtbereichs stehen, dem so genannten System. Der permanente Opferdiskurs?

Natürlich nicht. Wieso auch? Sie sind ja – und so viel (aber auch nicht mehr!) ist zweifellos richtig an der Ich-Ideologie – *ein* aktiver Faktor in diesem misslichen Geschehenszusammenhang. Und immerhin sind Sie ein Wesen, das für sich feststellen kann, sich schlecht zu fühlen, und das sich davon ausgehend fragen kann, wie es kommt, dass es sich schlecht fühlt. Diese Frage, geht man ihr ehrlich nach, führt, je nach misslicher Situation, auf Listen wie den obigen, Listen, an die Punkt für Punkt wieder neue Listen anschließen können. Das Erstellen und Reflektieren solcher Listen ist eine (Selbst-)Erkenntnisstrategie! Denn diese Strategie versucht in einem ersten Schritt, sich einen Überblick über die Gründe und Ursachen für ihren misslichen Zustand zu verschaffen – und diese Listen zeigen auch, dass Sie selbst ausreichend Strategien kennen, der Verwicklung geschickter zu begegnen, als Sie es bislang getan haben.

Was solch eine Listenliste aufdeckt, ist allerdings nicht Ihre fundamentale Freiheit, sondern sind Faktoren, gegenüber denen Sie sich mehr oder weniger geschickt verhalten können; Faktoren, gegenüber denen Sie eine aktive Haltung einnehmen können, gerade *weil* Sie Ihre fundamentale Abhängigkeit von ihnen erkannt haben, Faktoren, die Sie sogar teilweise beherrschen können, was Ihre Fremdabhängigkeit in dieser Situation konkret verringerte. Sie würden in dieser Situation, mit anderen Worten, handlungsfähiger, freier sein!

Die E-Mail ist immer noch nicht da.

Klar, ich verstehe schon, was Sie anfangs meinten. Es ist überhaupt nicht gesagt, dass Sie eine umfassendere Einsicht in das Netz Ihrer Abhängigkeiten mit einem besseren Gefühl warten lässt. Das Gegenteil kann der Fall sein. Es ist doch extrem unbefriedigend, alles Erdenkliche getan zu haben und dennoch warten zu müssen, am entscheidenden Punkt nichts ändern zu können! *Zum Ausrasten ist das!*

Andererseits dürfen Sie nicht vergessen, was die letzten fünfzehn Minuten geschehen ist, was ganz allgemein geschehen kann, wenn man in Situationen einer stupiden und totalen Abhängigkeit darüber nachdenkt, wie man selbst in diese Situation hatte kommen können.

Da erschließt sich einem etwas, zumindest in Anfängen,

nämlich das unendlich verflochtene Netz von Bedingungen, in dem wir alle sind, solange wir sind, und in dem wir in jedem Moment, in dem wir sind, ein wenig anders sind. Und es erschließt sich noch etwas anderes: Dieser Strategie der aktiven Erkundung lässt sich tatsächlich fast in jedem Moment, an jedem Ort und in jeder Situation nachgehen.

In dieser Fähigkeit zum Erkunden des eigenen Abhängigkeitsnetzes besteht eine besondere menschliche Freiheit. Jedenfalls ist sie eine Option, die dem Affen im Käfig, dem Sie Ihrer Handlungsweise nach so fatal geglichen haben, nicht offen steht.

Ob Sie diese Erkundungsoption in Situationen wie der jetzigen persönlich als Befreiung oder als Belastung empfinden, können nur Sie selbst wissen. Mir jedenfalls hilft sie, manchmal. Besonders wenn ich mal wieder auf irgendeine wichtige E-Mail warte.

Außerdem habe ich mir in solchen Situationen, weil ich das neulich in irgend so einem »Werde schön und erfolgreich in zehn Minuten«-Ratgeber gelesen habe, mittlerweile tatsächlich angewöhnt, eine Liste möglicher Faktoren aufzuschreiben, die dazu geführt haben, dass ich so warte.

Manchmal öffne ich dann einfach das Word-Programm meines Computers, schreibe diese Faktoren auf und sende das Dokument als E-Mail an meine eigene Adresse, um kurz darauf nachzusehen, ob die Mail auch wirklich eingetroffen ist.

Da ist sie schon! Immerhin, der Server ist intakt.

Zahlreiche Philosophien (und auch Religionen) basieren auf der Annahme, *Selbsterkenntnis* sei der erste und wesentliche Schritt auf dem Weg zu einem besseren Leben. Wie diese Lehren sich gestalten und welche Heilungsstrategien sie konkret vorschlagen, hängt entscheidend davon ab, was aus ihrer Sicht ein »Selbst« und damit eben auch ein aus seinem Unglück zu befreiendes Selbst ist.
Bekanntlich ist es schwierig, sich die Existenz eines unbedingt freien Subjekts und seines Wirkens in unserer Welt erklären zu können. Aus philosophischer Sicht mag deshalb der Schluss nahe liegen, der einzig wirklich angemessene Erkenntnisweg aus dem eigenen Unglück bestehe darin, sich von der *Illusion (s)eines unbedingt freien Selbst* zu lösen – und stattdessen das eigene Selbst in seiner fundamentalen Bedingtheit zu erkennen.

Wer diesen Weg der Selbstheilung einschlagen will, findet insbesondere in der *Ethik* (orig. 1677; Stuttgart 2002) des Benedikt de Spinoza ein sagenhaft klar geschriebenes Begleitbuch. Eine sehr zugängliche und prägnante Einführung in Leben und Werk Spinozas gewährt Michael Hampes »Rationalität als Selbsttherapie. Einführung in Spinoza« (in: D. Perler/Ansgar Beckermann, *Klassiker der Philosophie*, Stuttgart 2004).

Is' was, Kätzchen?

Was ist? Was starrst du so? Noch nie einen nackten Mann gesehen? Unverschämtheit. Sich einfach ins Badezimmer zu schleichen. Als ob ich nur Körper wäre und nicht Leib. Nur ein Stück Fleisch und kein Mensch. Als ob es mir nichts ausmachen würde, deinen Blick auf mir zu spüren. Lass das!

Gut. Starre ich eben zurück. Mal sehen, wer von uns beiden das länger aushält. Wessen Blick zuerst zur Seite scheut. Hast ja selber nichts an. Sitzt ja selber da, wie der Schöpfer dich geschaffen hat. Und schämst dich offenbar kein bisschen. Dieses Spiel ist nicht fair. Spürst du nicht die beschämende Macht der Augen, so wie ich sie spüre? Ich spüre, wie es meine Scham ist, die mich nackt sein lässt. Vor dir. In deinem Angesicht. Muss ich mir das gefallen lassen? Dass ich mich schämen muss und du nicht? Soll ich mir mein Schamgefühl gar noch zugute halten? Mich deshalb überlegen fühlen und für moralischer halten als dich?

Glaub ja nicht, dass ich auf diesen Trick reinfalle. Ich kenne euch, eure kalten Augen, eure gespielte Souveränität. Nur Fassade ist das, reine Dominanzstrategie. Wer hat ihn euch beigebracht, diesen schamlosen Blick? Diesen Blick, mit dem es gestern Nacht anfing. Den ich plötzlich auf mir spürte, mitten auf der Straße. Kann man ja eigentlich gar niemandem erzählen, so eine Geschichte.

Habe ich dich zuerst angesehen? Habe ich den Kontakt gesucht? Dich mitgenommen, abgeschleppt, geschnappt? Oder doch du mich, indem du dich schnappen ließest? Offenbar wollten wir es ja beide. Brauchten nicht zu reden.

Kein einziges Wort. Ich habe dich nichts gefragt. Du hast nichts geantwortet. Wir sprachen nur mit den Augen, genossen die Spannung, den Wahnsinn einer Entscheidung, die wir beide bereits getroffen hatten. War es nicht so? Als du die Treppe hinaufgetänzelt bist? Rasch, unbeirrt, als hättest du gewusst, welche Tür sich gleich öffnen würde. Wusstest du es? Hattest du mich vorher ausspioniert?

So wie du mich jetzt ansiehst, traue ich dir alles zu. Wer bist du eigentlich? Wartet jemand auf dich? Nehme ich dich jemandem weg? Nicht mal deinen Namen kenne ich. Hast du überhaupt einen? Wahrscheinlich hast du viele. Zu viele. Soll ich dir einen weiteren geben, der dann meiner wäre?

Lohnt sich nicht. Ihr seid doch alle gleich. Wollt im Grunde nur das eine. Und verschwindet danach wieder. Du bist weiß Gott nicht die Erste, die ich so mit nach oben genommen habe. Und damit du es weißt, es warst nicht *du*, die ich gestern wollte. Es kam mir nicht auf *dich* an. *Du hättest jede sein können!* Und ich hätte für dich jeder sein können. Gib es zu! Jeder, auf der Suche nach einer wie dir. Aber wer will das schon hören, wenn man sich in die Augen sieht, am Morgen danach: Du hättest jede sein können!

Wahr ist es dennoch. So speziell sind wir nicht. Weder ich noch du. Wir bedeuten uns nichts, nichts als unsere aneinander gestillten Bedürfnisse. Schau mir ruhig in die Augen! Tu so, als ob es in diesem Moment nur um uns beide ginge, von Angesicht zu Angesicht, nur um uns zwei – und sonst niemanden auf der Welt. Wie denkst du dir das eigentlich? Als ob das so einfach wäre! Einfach nur *dich* anzuschauen. Als ob ich all die anderen einfach vergessen, ganz ausblenden könnte. Niemand sieht sich zum ersten Mal, merke dir das. Niemand steht sich von Angesicht zu Angesicht gegenüber. Die anderen sind bei uns, jetzt, in diesem Moment. In unseren Blicken schauen sie uns an. Starren sie mit. Jeder andere, in dessen Wohnung du schon aufgewacht bist, ist mit uns. Erzähl mir nicht, sie sähen jetzt nicht zu, prägten nicht das, was du jetzt siehst, ließen dich nicht ermessen, was ich für einer bin. Ich jedenfalls vergleiche dich mit ihnen, all den anderen, die hier schon aufwachten, und auch denen, die hier hätten aufwachen können. Ich habe dich überhaupt nur mitgenommen, weil du ihnen ähnlich bist, weil ich neugierig war auf das, was ich bereits kannte. Ich erwäge, was andere Menschen sagen werden, wenn sie dich hier sehen. Wie sie mich fragen, mit ihren Blicken fragen: Warum ausgerechnet die?

Es gibt keinen Grund. Noch kenne ich keinen. Du bist gewöhnlich.

Soll ich mich etwa dafür auch noch vor dir schämen? Für dieses Urteil, für diese Gedanken, für das Bewusstsein meiner Wahllosigkeit, das dein Blick in mir hervorruft? Dafür, dass ich dich nur mitgenommen habe, weil du jede andere hättest sein können? Dafür, dass ich nicht einmal erwogen hätte, dich hereinzulassen, wenn es anders gewesen wäre! Dafür, dass ich gestern Nacht nichts von dir wollte, was nur du mir hättest geben können, sondern das, was jede andere auch gewährt hätte?

Diese Scham hättest du wohl gerne! Dann hättest du dein Ziel erreicht, dann wüsste ich mich in deiner Schuld.

Aber ich habe dich nicht mitgenommen, vergiss das nicht. Es war deine Entscheidung. Egal. Du würdest es sowieso nicht zulassen, dich von meinem Schuldbewusstsein versklaven zu lassen. Dafür bist du zu erfahren, hast schon zu viel gesehen, zu viele wie mich. Ich kann dich mit meiner Scham nicht erreichen, bilde mir nicht ein, in deiner Schuld stehen zu können.

Was sitzt du überhaupt noch hier? Warum bist du nicht einfach gegangen, früh genug, als ich noch schlief? Ich hätte dich nicht vermisst, glaub mir. Ich hätte mich vielleicht nicht einmal erinnert, dich überhaupt mitgenommen zu haben. Bist du wirklich nur geblieben, um mich jetzt anzustarren? Mir meine Scham aufzuzwingen, meine verlorene Unschuld? Vergiss es! Ich war schon lange vor dir schuldig. Ich schulde dir gar nichts. Du hast gekriegt, was du wolltest.

Was wolltest du eigentlich? Wahrscheinlich war dir einfach nur kalt, wolltest du nur ein Dach über dem Kopf. Du hast mich benutzt, nicht ich dich. Soll ich jetzt etwa Mitleid mit dir haben? Mich für dich verantwortlich fühlen, am besten noch für dich sorgen? Wie käme ich dazu? Hast du Hunger? Ist es so?

Was schert mich dein Hunger? Andere hungern auch. Glaubst du, du bist besser als sie? Glaubst du, nur weil du jetzt hier sitzt und mir in die Augen siehst, hast du irgendwelche besonderen Ansprüche?

Du musst verrückt sein, das zu glauben. Warum haust du nicht einfach ab? Du bist schon jetzt eine Zumutung, allein weil du da bist. Begreifst du das?

Das begreifst du. Begreifst im Moment ganz genau, dass du und dein Blick mir nicht gleichgültig sind. Es nicht sein können. Selbst wenn ich es wollte. Selbst wenn du es wolltest. Da ist jetzt was, zwischen uns, da geschieht etwas, dem wir beide ausgesetzt sind, etwas, das uns keine Wahl lässt. Wir sind jetzt füreinander da, sind einander ausgeliefert, spüren unsere Ansprüche aneinander. Wie lassen sie sich rechtfertigen? Wirklich nur dadurch, dass du jetzt hier sitzt? Ist das der erste Grund?

Das ist überhaupt kein Grund. Ich bin dir also grundlos verpflichtet?

Sei froh darum. Einen Grund, den es nicht gibt, kann ich mir nicht ausreden. Ginge es um Gründe, mein Verstand würde schnell mit uns fertig. Ein weiteres Kätzchen, na und? Was kann ich dafür? So aber kann ich deinen Blick nicht aus der Welt schaffen. Und auch nicht meine Scham. Beide spüre ich. Stehe in ihrem Bann. Nackt.

Langweile ich dich? Immerhin, du bist noch da. Hörst noch zu. Starrst noch immer.

Dich interessiert das alles nicht, stimmt's? Für dich ist das leeres Geschwätz. Du spürst ihn nicht, den Anspruch in meinem Blick. Machst dir keinen Kopf. Du schämst dich ja nicht einmal, gottverdammt!

Du bist gar nicht so kompliziert, wie das immer behauptet wird. Deine Interessen sind klar bestimmt. Du willst Fressen, nicht wahr? Frühstück. Willst du Milch?

Na also. Das sagt dir was. Die Sprache verstehst du.

Du bist schön, habe ich dir das schon gesagt? Ich mag die Art, wie du den Kopf zur Seite legst. Und jetzt, wie du mit deinem Schwanz auf den Fußboden tippst, ganz kontrolliert, voller Ungeduld. Das hat was, hat Klasse.

Also gut. Du hast gewonnen. Ich kann schließlich nicht ewig hier unter der Dusche stehen. Weißt du was? Ich zieh mir jetzt schnell was an und hole Brötchen. Dann frühstücken wir erst mal in aller Ruhe. Du und ich. Gemeinsam. Wie klingt das, in deinen Ohren?

Miau!

WAS PHILOSOPHEN DARÜBER DENKEN

Der Mensch ist das Tier, das sich schämen kann. Was diese Fähigkeit (oder auch Last) mit seinem Selbstverständnis als moralisches Wesen zu tun haben könnte, entwickelt Michael Williams in seinem Buch *Scham, Schuld und Notwendigkeit* (Berlin 2000).

Für eine Ethik im Angesicht des Anderen – wobei dieser Andere womöglich auch ein Kätzchen sein könnte – siehe die Schriften von Emmanuel Levinas *Totalität und Unendlichkeit* (Freiburg 1993) und *Die Spur des Anderen* (Freiburg 1992) sowie, in kritischer Auseinandersetzung, Jacques Derridas »Das Tier, das ich also bin« (orig. franz.: »L'animal que donc je suis«, in: *L'Animal autobiographique: autour de Jacques Derrida*, Paris 1999).

Ja, ich will

Es kommt darauf an, die Welt zu verändern. Nicht immer nur reden, interpretieren, beschreiben, reflektieren. Nein, das philosophisch Entscheidende, der Anfang von allem, ist die Handlung, die konkrete Tat. Das sagt Karl Marx. Irgendwo in seinem Werk. Eigentlich auch überall. Weshalb mir dieser Grundsatz ausgerechnet jetzt, um vier Uhr morgens, durch das Hirn schießt? Womöglich liegt es daran, dass ich in sechs Stunden einen Termin habe, der, wenn alles seinen geplanten Gang geht, die Welt verändern wird. Zumindest meine – und die meiner Frau. Meiner zukünftigen Frau, sollte ich sagen. Denn ich werde heute heiraten. Aus freien Stücken. Aus Liebe.

Sollte irgendein strenggläubiger Marxist heute, am schönsten Tag meines Lebens, von mir wissen wollen, wie sich die Welt verändern lässt, indem man etwas sagt, kann ich ihm helfen.

Es ist dazu keineswegs notwendig, vom Balkon aus die Revolution auszurufen. Drei kleine Worte zur Liebsten, am passenden Ort zur richtigen Zeit für alle Anwesenden vernehmbar geäußert, reichen vollständig aus. Wenn die Worte »Ja, ich will« in sechs Stunden meine Lippen verlassen, dann wird dies Sagen ein Handeln sein. Ich werde heiraten, indem ich diese Worte sage. Und was ich mir dabei denke, ist für den Vollzug dieser Handlung vollkommen irrelevant. Die drei Worte zählen bei der Heirat. Und sonst gar nichts.

Damit Sie mich richtig verstehen: Ich liebe meine Frau, und, ja, ich will sie lieben und ehren, ihr treu sein, in guten wie in schlechten Tagen. Mein Versprechen wird, soweit ich mir das bewusst zu machen vermag, aufrichtig sein. Dennoch kommt es mir im Moment wie ein Segen vor, dass es für eine erfolgreiche Trauung ganz gleichgültig ist, was im entscheidenden Moment in den Köpfen des Brautpaares vorgeht. In meinem Kopf herrscht derzeit nämlich ein ziemliches Durcheinander, ich kann nicht schlafen und werde permanent von seltsamen Sätzen belästigt, wie etwa »Das Wort, das uns zum Sklaven macht, ist ›Ja‹«.

Das stammt von Nietzsche, bei dem es mit dem Heiraten bekanntlich nicht recht klappen wollte. Angefragt hat er zwar einige Male, aber die Erwählten wollten nicht, wollten sich nicht zu Sklavinnen machen lassen … Wenn dieses Spiel jetzt sechs Stunden so weiterläuft, ein heiratsrelevantes Philosophenzitat nach dem anderen, dann könnte das, soweit ich die abendländische Philosophie überblicke, heute noch übel enden.

Aber das wird es wohl nicht, spätestens die Zeremonie mit ihrem streng geregelten Ablauf wird, ich kenne mich, meine Aufmerksamkeit vollständig aufsaugen, im entscheidenden Moment wird die Zeit dann wie stillstehen, und mit trockenem Mund wird es meine gesamte mentale Restenergie erfordern, jene drei magischen Worte möglichst entschlossen und fehlerfrei über die Lippen zu bringen. Auf die Frage, was ich mir so gedacht habe, als ich meiner Frau das Jawort gab, werde ich später antworten, was alle meine verheirateten Freunde und Bekannten mir auch immer geantwortet haben: Gar nichts.

Ich halte also, sechs Stunden vor meiner eigenen Heirat, hier, in meinem (zukünftigen) Ehebett, schon einmal folgende Tatsachen fest:

Zu heiraten bedeutet, einige wenige Worte zu äußern.

Die meisten Menschen denken sich nichts dabei, wenn sie diese Worte äußern.

Wozu mir gleich noch ein Satz einfällt:

Knapp 50 Prozent der Ehen in Deutschland werden geschieden.

Für die Heirat als rechtlichen Akt mag es bedeutungslos sein, was hinter diesem »Ja, ich will« steckt, ob das Versprechen aufrichtig gemeint ist oder nur als Formel aufgesagt wird, doch für die Ehe, die dann beginnt, ist der Unterschied zweifellos entscheidend. Was ich aufrichtig verspreche, wird durch die Heiratsformel festgelegt. Ich verspreche vor allem, meine Frau zu lieben, denn damit setzt die Formel an, und damit endet sie auch, ich verspreche, sie zu lieben, »bis dass der Tod uns scheidet«. Liebe ist die Grundlage dieser Formel und die Grundlage einer Ehe. Ich verspreche also, meine zukünftige Frau lebenslang zu lieben?

Das kann ich nicht versprechen. Beim besten Willen nicht. Niemand kann das. Schließlich ist Liebe ein Gefühl, ein ziemlich komplexes und äußerst eigensinniges. Jeder, der so liebt, dass er die Heirat erwägt, weiß das auch. Das Versprechen einer fortwährenden, gar lebenslangen Liebe muss folglich unaufrichtig sein, denn Liebe, vor allem aber ihr langfristiger Erhalt, entzieht sich zu einem guten Teil der willentlichen Kontrolle. Trotzdem werde ich in gut sechs Stunden genau dieses Versprechen einer lebenslangen Liebe, öffentlich vor Freunden und Verwandten, wortwörtlich so abgeben.

Dann stimmt es also, was die Alten sagen. Jeder verheiratete Mann ist ein Heuchler. Jede Ehe beginnt mit einem falschen Versprechen.

Langsam. Jetzt nur keine Panik. Was ist mit den guten und den schlechten Tagen, unserer gemeinsamen Ehezukunft? Darauf kommt es doch beim Heiraten an. Ich verspreche schließlich in erster Linie, dass wir zusammenbleiben, zusammenhalten werden, komme, was da wolle, wider alle Widrigkeiten. Natürlich habe ich noch keine Ahnung, welche Widrigkeiten es sein werden, was schlechte Tage für unsere Ehe bedeuten, aber das ist für das Versprechen auch nicht wichtig; es gilt ganz einfach für sämtliche Widrigkeiten.

Eine vernünftig erwartbare, weil statistisch sehr häufige Eheschwierigkeit ist der Verlust der gemeinsam empfundenen Liebe. Ich verspreche im Moment der Heirat also auch, meine Ehe selbst dann fortzuführen, wenn ich meine Frau nicht mehr lieben sollte? Ja, das tue ich.

Dies Versprechen kommt mir weder sinnvoll noch wünschenswert vor. Zudem bezweifle ich stark, dass meine (zukünftige) Frau auf solch ein Versprechen Wert legt. Mir jedenfalls ist schon jetzt sehr unwohl bei dem Gedanken, meine Frau könnte in wenigen Jahren nur deshalb weiterhin das Leben mit mir teilen, weil sie es einst versprochen hat – und nicht etwa, weil sie mich dann noch liebt.

So wird das bestimmt nichts mit meiner Ehe, weder heute noch in Zukunft. Ich sollte mich auf das Positive konzentrieren, auf das, was jetzt zwischen uns ist und gut ist. Wir lieben uns, und mit unserer Heirat versprechen wir uns öffentlich, so lange miteinander durch das Leben zu gehen, wie diese Liebe währt. Vergeht diese Liebe, verliert auch das Versprechen seine Gültigkeit. Es wäre also ein Versprechen mit Verfallsdatum.

So weit, so gut. Ich bleibe mit meiner Frau so lange zusammen, wie ich sie liebe und sie mich liebt. Sonderlich gewichtig kommt mir dieses Versprechen allerdings nicht vor. Eher leer. Ich wüsste ehrlich gesagt überhaupt nicht, weshalb ich meiner Frau so etwas versprechen sollte. Natürlich bleiben wir zusammen, solange wir uns lieben. Was denn sonst?

Wenn ich meine Frau, die neben mir liegt und schläft (oder jedenfalls, wie ich, so tut, als ob), jetzt wecke, um ihr zu sagen: »Liebste, eines ist doch klar: Dass ich dich heute heirate, bedeutet nur, dass ich mit dir zusammenbleiben werde, solange ich dich liebe«, löse ich damit gewiss keine Jubelstürme aus, gefährde unter Umständen gar unsere bevorstehende Hochzeit.

Wie die Dinge liegen, werde ich in weniger als sechs Stunden also entweder etwas versprechen, was ich nicht aufrichtig versprechen kann (lebenslange Liebe), oder etwas, von dem ich nicht glaube, dass es irgendjemand aufrichtig versprechen sollte (lebenslange, unter Umständen lieblose Partnerschaft), oder aber ein Versprechen abgeben, von dem ich nicht einsehe, worin sein Sinn überhaupt bestehen könnte.

Das mag ja immer noch der schönste Tag in meinem Leben werden, aber philosophisch fängt er nicht gut an. Dass mich dieses »Ja« versklavt, ginge noch an, wir beide heiraten schließlich aus freien Stücken, es gibt keinen sozialen und keinen ökonomischen Zwang, und auch religiöse Motive sind für uns nicht ausschlaggebend. Nur, einen vernünftigen Grund für diesen Akt, den kann ich im Moment leider nicht finden. Das ist schon ein Problem. Also noch mal von vorn.

Neben mir liegt dieser Mensch, den ich liebe, mit dem ich zusammen sein will und der hoffentlich wirklich schläft und sich im Moment nicht ähnliche Gedanken macht. Als wir uns ineinander verliebten, war das sicher kein bewusst kontrollierter Prozess. Das widerfährt einem. Niemand kann deshalb versprechen, sich zu verlieben. Aber das wird beim Hochzeitsversprechen auch nicht verlangt. Dieses Versprechen bezieht sich nämlich nicht auf das Verliebtsein, sondern auf die Liebe, und diese Liebe ist als Gefühl weit stabiler und weniger eigensinnig. Man verliert sie nicht von heute auf morgen.

Wenn wir in wenigen Stunden einander gegenüberstehen, dann bekräftigen wir einander öffentlich, dieses Gefühl der Liebe zu empfinden. Etwa so:

Liebe Welt, meine Damen und Herren, das ist die Frau, die ich liebe!

Das ist mal das Erste, und das ist, finde ich, schon eine ganze Menge.

Indem ich dies öffentlich festhalte, treffe ich nicht nur eine Aussage über das, was ich im Moment empfinde, sondern ich gebe meinem zukünftigen Handeln damit bereits eine bestimmte Richtung vor. In dem Fest-Halten dieses Gefühls steckt, wenn es ernst gemeint ist, bereits der Wille, diese Liebe über den Moment in die Zukunft auszudehnen.

Was ich bei der Heirat verspreche, ist damit nicht meine lebenslange Liebe – denn das kann ich nicht versprechen –, sondern ich verspreche, im Rahmen meiner Möglichkeiten alles zu tun, um dieses, offensichtlich gegenseitige, Gefühl auch in Zukunft zu erhalten. Ich verspreche ihr auch für die Zukunft liebeserhaltendes Verhalten, liebeserhaltende Handlungen – und so etwas gibt es zweifellos. Ich kenne meine Frau. In etwa weiß ich also, wie diese Handlungen für die absehbare Zukunft aussehen. Ich verspreche mit meinem Jawort, mich in diesem Sinne so lange um unsere

Liebe zu bemühen, wie dies von ihr, die Gleiches verspricht, noch gewünscht wird; vielleicht sogar ein bisschen länger.

Aber werde ich das alles nicht sowieso tun? Werde ich nicht ohnehin bestrebt sein, unsere Liebe zu erhalten, ganz unabhängig davon, ob ich es nun vor aller Welt, hoch und heilig, verspreche oder nicht? Warum sollte ich versprechen, etwas zu tun, das ich, solange ich meine Frau liebe, sowieso tun werde?

Vielleicht würde, ja werde ich all das, was unserer Liebe nützt und sie nährt, in Zukunft sowieso tun. Das Versprechen, das ich jetzt ausdrücklich gebe, dürfte mir aber in Zukunft dabei helfen, es wirklich zu tun, es wird mich stützen und stärken, mich und meinen Willen – unter Umständen gegen meinen schwächelnden Willen – binden. Dieses Versprechen bleibt, ist es einmal geleistet, ein Bezugspunkt, ein Ansporn, für mich, meine Frau und die Menschen um uns. Das Eheversprechen ist selbst ein Faktor in unserer Beziehungsgeschichte und, für sich genommen, selbst schon ein enorm liebeserhaltender Akt.

Dazu fällt mir jetzt noch ein Satz von Nietzsche ein: Der Mensch ist das Tier, das versprechen kann.

Schwer zu sagen, in welchem Verhältnis dieser Satz zu seiner anderen These steht, nach der das Wort, das uns zum Sklaven macht, »Ja« ist. Wenn aber beide Sätze stimmen, besteht die einzige Alternative zu einem tierischen Dasein, das nichts verspricht und versprechen kann, nach Nietzsche in einem moralischen Dasein, das sich und seinen Willen durch sein »Ja-Sagen« für die Zukunft bindet und damit »versklavt«.

Das klingt zunächst nicht ermutigend. Zutreffen könnte es trotzdem. Denn tatsächlich bindet mich nicht nur das »Ja, ich will« der Ehe, sondern jede Bejahung für die Zukunft.

Sofern ich eine Frage wahrhaftig beantworte, übernehme ich Verantwortung für die Bedeutung des bejahten Satzes. Das ist der Sinn der Sache, wenn sie überhaupt einen hat. Nur deswegen bedeutet mein »Ja« für andere und für mich überhaupt irgendetwas. Und nur weil mein »Ja-Sagen« von denjenigen, die mich danach fragen, als eine solche Selbst-Bindung aufgefasst wird, habe ich in deren Augen so etwas wie einen Willen, der sich von einem rein momentgebundenen Lebenswillen der Tiere unterscheidet. Ohne dass ich meinen Willen ausdrücklich artikuliere, gäbe es diesen Willen gar nicht. Das, was meinen Willen ausmacht, wäre also nichts anderes als die Fähigkeit, mich und meine Handlungen für die Zukunft zu binden.

Aber gilt diese Zukunftsbindung nur für Versprechen, nur für Bejahungen, ausdrückliche Bekräftigungen? Beinhaltet nicht am Ende jede meiner Handlungen, in den Augen der anderen, solch eine Selbst-Bindung? Ich meine, erzeugt nicht jeder Satz, jede Geste, jede Handlung für die Zukunft gewisse Verbindlichkeiten, auch später noch für das Gesagte und Getane einzustehen, und sei es nur, um es zu widerrufen, zu erläutern oder es zum bloßen Scherz zu erklären?

Typisch Philosophie. Es fängt mit der Feststellung an, dass ein »Ja, ich will« unter gegebenen Umständen ein Sprechakt ist, der eine Handlung vollzieht, und endet damit, dass jede einzelne meiner gewollten Handlungen den Charakter eines Versprechens trägt, weil sie mich als jemanden wahrnehmbar werden lässt, der diese Handlung so gewollt hat, und mich damit dem Anspruch aussetzt, für diese Veröffentlichung meines Willens auch in Zukunft einzustehen. Dann wäre ich am Ende tatsächlich mit allen anderen Menschen, zu denen ich »Ja« sage, mit denen ich umgehe, in gewisser Weise verheiratet? Das geht dann doch ein bisschen weit.

Wenn ich mir allerdings überlege, was ich den lieben langen Tag so von mir gebe, jeden Tag mehr oder weniger gedankenlos tue und welche Unmenge von zukünftigen Verbindlichkeiten ich damit erzeuge, dann wird das in 5 ½ Stunden ein echtes Kinderspiel, der reinste Hochzeitsspaziergang. Ich habe selten so genau gewusst, was ich will.

Womit ich allerdings nicht behaupten will, ich wüsste, worauf ich mich einlasse, wenn ich diese drei magischen Worte in den öffentlichen Raum hauche. Wer kennt schon die Gesetze, nach denen sich eine Ehe entwickelt?

Vielleicht ließe sich mit ein bisschen Marx und viel Phantasie versuchen, diese Gesetze aus unseren vorehelichen Handlungsweisen und insbesondere unserer ökonomischen Situation abzuleiten. Aber das ist ein anderes Thema, Stoff, wenn überhaupt, für die schlaflosen Nächte meiner absehbaren Zukunft.

WAS PHILOSOPHEN DARÜBER DENKEN

Das Versprechen ist ein menschliches Phänomen, in dem viele philosophische Probleme zueinander finden. Zunächst ist ein Versprechen eine *sprachliche* Handlung, die gewissen Vollzugsbedingungen unterliegt. Diese Bedingungen werden zum Beispiel von der *Theorie der Sprechakte* untersucht und freigelegt.

Dann bedeutet ein Versprechen natürlich auch die Festlegung eines freien Willens auf eine offene Zukunft. Ein Versprechen ist eine *moralische* Handlung, die gewisse zwischenmenschliche Verbindlichkeiten erzeugt. Aktuelle Fragen der Moralphilosophie sind beispielsweise, welche Art von Verbindlichkeiten mit einem Versprechen erzeugt werden, unter welchen Umständen ein Versprechen seine Verbindlichkeit verlieren kann oder auch, inwiefern gewisse Versprechen überhaupt vernünftig gegeben werden sollten/können.

Es ist nicht leicht, sich ein moralisches Wesen vorzustellen, das nichts versprechen kann. Insofern ist die Fähigkeit des Versprechens mit Sicherheit keine Fähigkeit unter anderen. Tatsächlich sind Menschen die einzigen uns bekannten Wesen, die einander etwas versprechen können – wenn auch nicht die einzigen, die in glücklichen Ehen leben.

Wer sich in die Problematik der Sprechakte einlesen will, beginnt mit J. L. Austin, *How to do things with words* (Oxford 1962).

Für einige Überlegungen zur Bedeutung des Versprechens für die Moral siehe beispielsweise:

Friedrich Nietzsche, *Zur Genealogie der Moral, Zweite Abhandlung*: »Schuld, Schlechtes Gewissen und Verwandtes«.

Oder auch: Oswald Schwemmer, »Moral und Kultur. Der ethische Aspekt der Symbolisierung«, in: ders., *Ernst Cassirer – ein Philosoph der europäischen Moderne* (Berlin 1997).

Wer nach guten, in diese Geschichte eingeflochtenen Argumenten fürs Heiraten sucht, findet sie bei Iddo Landau, »An Argument for Marriage«, *Philosophy* 79, 2004, S. 475–481.

Von Hebammen und Kugelmenschen

Ruhig ist ihre Stimme und heiter, doch leider so sanft, dass ich durch die Wand kaum ein Wort höre. Das Einzige, was ich bislang deutlich verstehen konnte, war etwas von einer »inneren Stimme«. Natürlich sollte ich nicht lauschen. Aber meine Neugier ist einfach zu groß. Zuvor gab es in meinem Leben schließlich nur eine einzige Hebamme. Sie war ein Mann, lebte vor 2500 Jahren in Athen und trug den Namen Sokrates. Jetzt Antje aus Friedrichshain. Offensichtlich eine Hebammenspezialität, diese Rede von der inneren Stimme, auf die meine Frau ruhig vertrauen soll. Den Tipp hat Sokrates seinen Schwangeren damals auch immer gegeben: Alles, was du wissen musst, ist eigentlich schon in dir. Du musst es nur selbst hören lernen. Und dann danach handeln! Nur auf seine eigene innere Stimme konnte Sokrates nie zählen. Die hat ihm niemals zu irgendetwas geraten. Möglicherweise lag das an der Art der Fragen, die ihn beschäftigten. Da ging es nicht um eine Butterbrezel mehr oder weniger, nicht um Belange des körperlichen Wohlbefindens, sondern um ziemlich abstrakte Themen und Zweifel. Was ist Wissen? Was die Liebe? Vor allem aber um die Mutter aller Fragen, nämlich die, wie man als Mensch wohl leben soll?

Sokrates erhielt von seiner inneren Stimme – er gab ihr den Spitznamen »mein Daimonion« – niemals eine brauchbare Antwort, nichts außer einem unzufriedenen »So nicht!«, mal einem »Es verhält sich anders« oder einem mahnenden »Das ist nicht die ganze Wahrheit«. Ganz offenbar besaß er nicht die innere Stimme eines Menschen, der geboren wurde, um Antworten in die Welt zu setzen. Diese Unempfänglichkeit war es wohl, die Sokrates damals zur Hebamme werden ließ. Jedenfalls pflegte er seinen philosophisch Schwangeren gleich beim ersten Treffen zu erklären:

> Geburtshilfe zu leisten nötigt mich mein Daimonion, selbst zu gebären aber hat sie mir verwehrt. Daher bin ich selbst keineswegs etwa weise, habe auch nichts dergleichen aufzuzeigen als Ausgeburt meiner eigenen Seele. Die aber mit mir umgehen, zeigen sich zuerst zwar zum Teil gar sehr ungelehrig; hernach aber, bei fortgesetztem Umgang, machen alle, denen es ihre innere Stimme vergönnt, wunderbar schnelle Fortschritte, wie es ihnen selbst und andern scheint; und dieses offenbar ohne jemals irgendetwas von mir gelernt zu haben, sondern nur selbst aus sich selbst entdecken sie viel Schönes und halten es fest … Und auch darin ergeht es den Philosophierenden, die mit mir umgehen, wie den Gebärenden: sie haben nämlich Wehen bei Tag und Nacht – weit ärger als jene der schwangerer Frauen. Und diese Wehen kann meine Kunst erregen sowohl als stillen.

Die Geistesqualen des Philosophierenden sollen also noch peinigender sein als die einer gebärenden Frau? Meint er das im Ernst? Woher will Sokrates das eigentlich wissen? Eine Frau ist er nicht. Und auch geistig hat er nie selbst eine Antwort zur Welt gebracht. Wenn ich allerdings an meine eigenen Philosophenfreunde denke, ist so eine gedankliche Schwangerschaft in der Tat ein äußerst langwieriger und schmerzhafter Prozess. Neun Monate sind da gar nichts. Die Mehrheit trägt jetzt schon mehrere Jahre an ihrer Kopfgeburt. Besonders glücklich sehen die Kollegen nicht aus.

Reich sind sie auch nicht geworden. Nicht einmal von Seelengelassenheit würde ich sprechen. Im Gegenteil. Treffe ich sie am Morgen, mögen sie noch die heitersten Menschen sein, weil sie sich und ihrem eigenen Daimonion zwei gute Seiten abkämpfen konnten. Doch schon am Nachmittag sehe ich sie auf den Gängen des Instituts entlangschleichen – dann gehen sie dort mit ihren Zweifeln auf und ab, leicht gekrümmt, bis tief in die Nacht, als wollten sie den Schmerz ihrer Wehen auslaufen. Manche denken sich regelrecht krank an ihrer Frage, und oft genug kommt am Ende gar nichts Gescheites heraus. Zu Zeiten der Hebamme Sokrates stand es offenbar nicht besser mit den Ideenschwangeren. Denn viele seiner Patienten, behauptet Hebamme Sokrates, wurden während der Geburt »so aufgebracht gegen mich, dass sie mich ordentlich hätten beißen mögen, und wollten nicht glauben, dass ich es nur gut mit ihnen meine«. Bis heute geraten ja schwangere Frauen kurz vor der Entbindung in einen Zustand nahe der Besinnungslosigkeit, in dem sie zu Wutausbrüchen und ungerechten Beschuldigungen neigen, ihre eigene Hebamme wüst beschimpfen – oder auch den Mann an ihrer Seite. Es ist in dieser alles entscheidenden Phase ganz wichtig, den erschöpften Schwangeren weiter gut zuzureden, gerade so wie die Hebamme Sokrates es einst bei seinen verzweifelten Philosophierenden getan hat: »Dass du aber nicht kannst, sage nur niemals! Denn so Gott will und du wacker bist, wirst du es wohl können!« So will auch ich es tun, wenn's bei meiner Frau wirklich so weit ist.

Jetzt klopft es an der Tür, und die Hebamme bittet mich ins Wohnzimmer. In ihrer Hand hält sie ein kleines Holzinstrument, geformt wie eine Posaune. Sie erklärt mir, dass Hebammen solch ein Hörrohr schon seit Urzeiten anwenden, um das werdende Leben im Bauch der Schwangeren abzuhören.

»Im Moment«, sagt meine Frau auf der Couch, »habe ich überhaupt keine Beschwerden. Nur manchmal ein kurzes Zwicken, als ob mich jemand mit einer kleinen Zange kneift.«

»Ganz typisch für diese Phase«, nickt die Hebamme, setzt ihr Hörrohr an, übt mit ihren Händen ein wenig Druck auf den Bauch aus und beginnt zu lauschen. Vermutlich hat Sokrates diese Szene im eigenen Elternhaus selbst unzählige Male miterlebt, als er nämlich seiner Mutter, der ehrbaren Hebamme Phainarete, bei ihrer täglichen Arbeit zusah. Und vermutlich war es niemand anderes als Mutter Phainarete mit dem Hörrohr, die ihren Sokrates einst in die Kunst des Lauschens und der Hellhörigkeit einwies, bis der Sohnemann eines Tages selbst mit gespitzten Ohren durch die Straßen zog und im Stimmengewirr des Marktplatzes Wahrheiten hörte, die mit bloßem Ohr nicht zu hören waren, und in den Worten der jungen Menschen ein Wissen vernahm, von dem sie selbst noch nichts wussten. Woraufhin er diese noch unwissend Wissenden in ein Gespräch verwickelte, um ihre werdenden Wahrheiten auf dem Weg in die Welt zu begleiten.

»Pochen putzmunter, alle beide«, lächelt die Hebamme. »Die Zwillinge liegen gerade Rücken an Rücken im Bauch. Das wird sich bestimmt noch ändern. Mit der Zeit wird sich jedes in seine Ecke verkrümeln. Aber um die Lage der beiden müssen wir uns sowieso noch keine Gedanken machen. Das ist noch viel zu früh.«

»Darf ich auch mal lauschen?«

»Natürlich, aber seien Sie nicht enttäuscht. Es braucht ein bisschen Übung mit dem Hörrohr.«

Stimmt. Ich höre kein werdendes Leben. Kein menschliches Zeichen. Keine möglichen Verwicklungen. Nur ein verschwommenes Rauschen und Blubbern – und staune mit offenem Mund. Ob ich den Tee nicht abräumen wolle, flüstert meine Frau mir ins freie Ohr. Selbstverständlich.

Da liegen sie also im Bauch, die Zwillinge. Vier Hände, vier Füße, zwei Gesichter, und alles Übrige, was sich denken lässt. Womöglich stimmt ja wirklich, was der Dichter Agathon einst dem Philosophen Sokrates beim Abendessen erzählte, dass wir in mythischer Urzeit alle einmal genau solch eine Doppelgestalt hatten, dass jeder Mensch ursprünglich aus zwei Menschen bestand. Rücken an Rücken tummelten und kugelten wir uns so auf Erden, in jeder möglichen Kombination – Mann und Frau, Frau und Frau, Mann und Mann. Als solche Kugelmenschen, wie Agathon uns nennt, waren wir derart munter und dreist, dass die Götter uns schließlich in zwei Hälften trennen mussten, weil wir sonst in unserem Übermut den Himmel selbst gestürmt hätten. Weshalb seit jenem Teilungsakt jeder einzelne Mensch sich nach der Liebe sehnen muss, immer getrieben von der Erinnerung an diesen Urzustand, immer auf der Suche nach seinem mythischen Gegenstück von einst.

Sokrates widerspricht dieser Erzählung vom Ursprung der Liebe nicht – wie sollte er auch, er weiß es ja schließlich nicht besser –, doch bietet er im Verlauf des Gastmahls noch eine andere Geschichte vom Wesen der Liebe und damit vom Wesen des Gottes Eros an. Gemäß dieser Geschichte sind nicht etwa alle vom Eros Getriebenen auf der Suche nach ihrer verlorenen Hälfte von einst, sondern jeder Mensch kommt selbst bereits schwanger auf die Welt. Und das, wie Sokrates erwägt,

> sowohl dem Leibe als auch der Seele nach. Und wenn wir zu einem gewissen Alter gelangt sind, so strebt unsere Natur zu erzeugen … Jene nun, die dem Leibe nach zeugungslustig sind, wenden sich mehr zu den Leibern und sind auf diese Art verliebt, indem sie durch Kinderzeugen Unsterblichkeit und Andenken und Glückseligkeit, wie sie meinen, sich für alle Zeit verschaffen … Jene aber, die es der Seele nach sind, die noch mehr in der Seele Zeugungskraft haben als im Leibe, erzeugen, was der Seele geziemt zu erzeugen, und was ziemt ihr denn? Weisheit und jede andere Trefflichkeit.

Alle Menschen sind also schwanger. Jeder Mensch strebt nach Unsterblichkeit. Bis auf Sokrates, die Hebamme. Denn mit seinem seltsamen inneren Daimonion weiß er ja noch nicht einmal recht zu sagen, was Weisheit ist, was Tapferkeit und was die Liebe. Wie sollte er aber nach etwas streben können, dessen Wesen er nicht begreift und kennt? Wie sollte seine Seele in diesem gewussten Unwissen Unsterblichkeit erlangen? Und was bleibt solch einem Menschen anderes übrig, als sich an jene zu wenden, die wirklich schwanger sind, und wenigstens ihnen dabei zu helfen, ihr Wissen ans Licht der Welt zu bringen?

Auf solch eine Helfernatur würde auch genau die Beschreibung zutreffen, die uns Hebamme Sokrates vom Eros gibt. Demnach ist der Eros nämlich ein rein »vermittelnder Geist, ein Dämon, weder sterblich noch unsterblich, weder arm noch reich, und auch zwischen Weisheit und Unverstand immer in der Mitte, denn«, fährt Sokrates fort, »kein Gott philosophiert oder begehrt, weise zu sein, sondern er ist es … Ebenso wenig philosophieren auch die Unverständigen oder bestreben, weise zu werden, denn das ist ja das

Arge am Unverstande, dass er ohne schön und gut und vernünftig zu sein, sich doch selbst ganz genug dünkt.«

Dann wäre es also der Gott der Liebe selbst, der Sokrates jeden Tag auf den Marktplatz treibt, wäre Sokrates, mit seiner seltsamen inneren Stimme, die Menschwerdung des Eros, gar seine leibhaftige Verkörperung hier auf Erden?

Um dieser Frage wirklich nachzugehen, müsste ich vermutlich erst einmal die Gesamtausgabe von Plato eingehendst studieren, außerdem anständig Griechisch lernen sowie weitere 4000 Bücher zum Thema konsultieren. Dafür würde ich mindestens neun Jahre, womöglich aber sogar den Rest meines Lebens benötigen. Und ob dieses Gespräch mit mir selbst und Sokrates mich dann in die heitere Endlosigkeit eines philosophischen Dialogs führen würde oder aber in eine fatale und immer stumpfere Ergebnislosigkeit, das kann ich jetzt natürlich noch nicht beurteilen. Irgendwo würde es bei dieser These sicher immer zwicken und kneifen. Was ich sicher weiß, ist nur, dass Sokrates in seinen Dialogen als Einziger nie müde wird und dass er sein heiteres Fragen tatsächlich bis zum letzten ächzenden Atemzug vorantrieb, ohne dabei jemals an sich und den anderen zu verzweifeln.

Im Wohnzimmer ächzt es gerade auch ganz schön. Keine vorzeitigen Wehen, Gott sei Dank. Die Hebamme zeigt meiner Frau nur ein paar Übungen zur Stärkung des Rückens. Da hocken die beiden auf dem Boden, wippen wie zwei Schiffe im Sturm und versuchen, sich in diesen Wogen möglichst aufrecht zu halten.

Dieses Rückgrat stärkende Wippen von einer Seite zur anderen hatte auch Sokrates besonders gut drauf. Er nannte seine eigene Wippmethode Dialektik. Und vielleicht ist es gar nicht so abwegig, das ewige Hin und Her seiner Dialoge als eine geistige Schwangerschaftsgymnastik zu begreifen. Sollte Sokrates Recht haben, sind wir ja alle so in die Welt geworfen worden, dass wir uns seine Fragen selbst stellen und beantworten müssen.

»Es gibt da auch noch eine Partnerübung, die können Sie gemeinsam versuchen«, winkt die Hebamme mich von der Schwelle ins Zimmer, setzt uns Rücken an Rücken aneinander und hakt unsere Arme ein.

Da sitzen wir also, Mann und Frau, zwei Gesichter, vier Arme, vier Füße und alles Übrige, was man sich denken kann. Jetzt sollen wir, so aneinander gekettet, Druck gegeneinander ausüben, auf dass wir uns gemeinsam aus dem Sitzen in den Stand erheben.

»Na, ausgezeichnet! Sie kennen diese Übung also bereits, haben sie selbst schon zusammen gemacht?«, fragt die Hebamme.

»Eigentlich nicht«, antwortet meine Frau.

»Und wenn, muss es schon eine ganze Ewigkeit her sein.«

WAS PHILOSOPHEN DARÜBER DENKEN

Wer nach einem lustvollen, zeitgemäßen und ironischen Einstieg in das Philosophieren sucht, sollte nach wie vor mit den Dialogen des Sokrates beginnen. Für den Anfang besonders geeignet sind »Das Festmahl« sowie »Die Apologie«. Wer mehr über das Selbstverständnis des Sokrates als Hebamme – und also auch die eigene Ideenschwangerschaft – erfahren will, kann sich im Anschluss dem Dialog »Theaitetos« zuwenden.

Ein Bild von einem Ereignis

»Was hast du denn? Einfach nur auf den Knopf drücken. Funktioniert wie bei einer ganz normalen Kamera. Ich verstehe jetzt wirklich nicht, weshalb du dich so anstellst.«

Aber ich verstehe es. Das reicht in dem Fall völlig. *Funktioniert wie bei einer normalen Kamera.* Was er damit wohl sagen will? Diese Digitalapparate sind doch selbst längst der Normalfall. Für wie zurückgeblieben hält der mich eigentlich! Blödmann.

Schon jetzt ist mir alles verdorben. Dabei habe ich mich so auf diese Taufe gefreut, wollte mich ganz auf den Ritus einlassen. Stattdessen stehe ich hier auf der Empore wie ein Tourist, der sich genau den Moment, den er nie vergessen will, selbst zerstört, indem er ihn fotografiert. So hatte ich mir meine Patenschaft wirklich nicht vorgestellt. Fehlt nur noch die Baseballmütze auf dem Kopf! Ist doch wahr.

Allein diese Haltung macht mich wahnsinnig: *»Und fotografiert werden muss das Ereignis ja wohl!«* Warum eigentlich? Sämtliche Menschen, für die diese Taufe einen Erinnerungswert besitzt, erleben sie doch gerade selbst mit. Reicht das nicht? Und wenn der Kindsvater schon unbedingt ein Bild vom Taufakt haben will, warum hat er dann nicht jemand anderen gefragt, sondern ausgerechnet mich, den Paten?

»Weil der Pfarrer am Altar kein Gedrängel wollte!«

Pah! Das hätte ich damals mal zu ihm sagen sollen, als er mich noch kurz vor meiner Hochzeit anblaffte, ich sei wohl verrückt, keinen Fotografen engagiert zu haben, am Ende seien doch die Bilder die eigentliche Hauptsache, das einzig Bleibende.

Ich glaube ernsthaft, das war der dümmste Satz, den ich je im Leben gehört habe.

Typisch, andererseits. Für ihn, unsere Zeit, unsere Kultur, unser gesamtes westliches Welt*bild*.

Groteske Verkehrung der Werte, der tatsächlichen Verhältnisse, ja der Ontologie. Als ob das Bild zuerst käme, als ob die Repräsentation wichtiger, bedeutender, wirklicher wäre als das Ereignis, von dem sie eine Repräsentation ist!

Nichts wird mehr einfach so genommen und sein gelassen, wie es sich für uns im Moment gibt. Von allem, was uns wichtig erscheint, wollen wir uns gleich ein Bild machen, es formen, wollen es festhalten, das Ereignis in einen Rahmen stellen, als Verfügungsware, um es unendlich wiederholen und besichtigen zu können, immer bei uns zu wissen, um es auszustellen, auf dem Nachttisch, um es ins Portemonnaie zu zwängen oder in ein Album einzukleben.

Wenn ich an so was nur denke, bekomme ich die *Krise*!

Er hat mit dem Satz wahrscheinlich sogar Recht. Diese Feiern werden gar nicht mehr als Sakramente begangen, sondern das sind Familienevents, die überhaupt nur deshalb veranstaltet werden, damit man später Bilder davon herzeigen kann! I did it!

Das gnadenlos falsche Leben, lauter Scheinhandlungen, die das Eigentliche verfehlen, es entstellen und entweihen. Und dann stellt sich so ein Leben im Bild auch noch peinlich dokumentiert aus, versendet sich alle zwei Wochen als 3-Megabyte-Rundmail um den Globus, mit jeweiligem Standardtext, an die hundert besten Freunde, an alle, die es interessiert und nicht interessiert. Und ich mittendrin in diesem hoch und immer höher technisierten Verblendungszusammenhang, als aktiver Teilnehmer, derzeit gar entscheidendes Element – ich, der Heidenpate, bin offenbar der Einzige, der dieses Ereignis in seiner ganzen mythischen Unwiederbringlichkeit überhaupt zu ehren bereit gewesen wäre.

Dieser Augenblick lässt sich nicht festhalten. Genauso wenig wie sich diese Handlung jemals wieder rückgängig machen lässt. Der Bub wird jetzt – für immer und ewig – Teil einer unsterblichen Gemeinschaft. Ob ihm das passt oder nicht. Wer diese Einzigartigkeit, das schlicht Unfassbare dieses Aktes nicht begreift, dem kann auch kein Foto helfen. Und wem sie vor Augen steht, der wird diesen heiligen Augenblick nicht fotografieren wollen. Ist das denn so schwer zu begreifen? Weshalb ich mich so anstelle? Deshalb.

Ja, kleiner Täufling, lach du mich nur aus! Ich weiß, klinge ja selbst schon wie der Oberpriester höchstpersönlich. *Du sollst dir kein Bild machen!* Wird dir gleich vergehen, deine gute Laune. Ahnst ja nichts von dem Drama, dessen Held du bist. Immer schön lächeln, auch wenn es noch so gestellt wirkt. Bedeuten muss es nichts. Hauptsache, die Form stimmt. Denn diese froh geschwungene Mundform, das ist doch das Einzige, mit dem du zurzeit wirklich etwas anfangen willst. Wenn überhaupt. Kannst ja noch nicht mal gerade in die Gegend schauen. Du hast es noch, das wahrhaft unschuldige Auge, den ungeprägten Blick, da ist noch nichts kulturell verformt, gerastert, normiert, du siehst noch keine abgetrennten Bilder, sondern nur einen nicht enden wollenden Strom von Eindrücken, der beständig in sich übergeht, sich in sich selbst verändert, in sich aufwallt und abschwillt, in dem sich jeder Moment in unwiederholbarer Einzelheit gibt. Du bist noch ganz unmittelbar dran an dem randlosen Sichereignen, welches unsere Wirklichkeit in jedem Moment wirklich ist.

Dafür bezahlst du natürlich auch einen ganz schön hohen Preis. Denn Peilung hast du keine, hast keine Kontrolle über deine Erfahrungen, hast nicht die geringste Ahnung, was als Nächstes mit dir und deiner sündigen Seele geschehen wird, weißt noch nicht, was jeder andere hier in der Kirche schon weiß, dass du gleich schreien wirst wie am Spieß, um deiner Entrüstung unmittelbar Ausdruck zu verleihen, wenn die heiligen Tropfen auf deine Stirn fallen und dort für eine böse Empfindungsüberraschung sorgen, und wenn der Pfarrer sich darauf über dich beugt, ohne zu grinsen, mit einem seltsamen Geruch, und auch noch ein Blitz von nirgendwo einschlägt, da wird's dir dann endgültig zu viel, da rastest du aus, da gibt's nur noch blinde Entrüstung, die nackte Säuglingsgewalt deiner Stimme!

Ein bisschen was nimmst du also schon wahr und bewertest es für dich. Es gibt da offenbar gewisse Eindrücke in deinem Leben, die sich bei dir in den Vordergrund spielen, die dich unmittelbar ansprechen und dir zum Beispiel sagen: »Hey, ich bin rund und warm und weich und rieche nach Mama, wie wär's mit uns beiden!«, Ereignisse, die aus dem Strom deines Erfahrens herausragen, die sich für dich zu Formen formen, bald zu konkreten Bildern, Bildern, die du behältst, für dich festhältst, nach denen du verlangst, bis sich dein Blick an diesen Bildern schärft, nach neuen Bildern verlangt, und deine Weltsicht dann irgendwann dem Bedeutungsblick gleicht, mit dem ich dich jetzt sehe, drei Meter von mir entfernt. Dich im Taufhemd. Ein Bild für die Götter.

Halt du nur so viel Momente fest, wie du irgend kannst! Halt dich fest an deinen Bildern, denn es sind diese Bilder, die dich sehen lehren, es sind diese Bilder, die dich überhaupt konkrete Ereignisse erleben lassen, und schon bald werden es solche Erinnerungsbilder sein, die dem Ereignis, das du bist, helfen werden zu verstehen, was für ein Mensch seinen Namen trägt.

Ich muss jetzt nur noch kurz die Augen schließen, auf meinen mentalen Auslöser drücken und mir sagen, dass ich mich an dieses Bild von dir ewig erinnern will. Das funktioniert, wenn man selbst einmal genug Bilder gesehen hat. Nein, ich brauch es wirklich nicht, dieses Foto. Aber du, für dich wird es einen Wert haben, erlebst sie ja nicht mit, deine Taufe, hast noch kein Kamera-Ich wie wir alle hier, souveräne Regisseure unserer eigenen Aufmerksamkeit, die alles in den Blick nehmen, was sie gerade interessiert und nicht interessieren sollte, das Gähnen von Onkel Bernd und die Schweißperle auf der Stirn deines Vaters.

Für dich mache ich das Bild. Für niemanden sonst. Selbst mit dieser Kamera. Obwohl dieses Foto kein Foto von diesem Ereignis sein wird, obwohl dieses Bild von jedem halbwegs begabten Zwölfjährigen sofort in allen möglichen Weisen zu manipulieren ist, ohne dass diese manipulierten Bilder von dem ursprünglichen Bild jemals wieder unterschieden werden könnten. Und wer weiß, in dreißig Jahren zeigen sie dir dann ein Foto von deiner Taufe, auf dem ich dich über das Becken halte, mit einer Baseballmütze auf dem Kopf, im rosaroten Trainingsanzug, und du wirst glauben, dass es genau so war. Was bleibt dir auch übrig? Alle hier in der Kirche werden sich dann ebenfalls genau erinnern können, dass es sich genau so zugetragen hat. Sie werden, beim Anblick des Fotos, dies Taufbild von mir und der Baseballmütze als Erinnerung in ihrem Kopf sofort wiederfinden – ich selbst vermutlich auch. *Funktioniert wie bei einer normalen Kamera.* Schön wäre es. Diese Bilder sind die reine Erinnerungssimulation. Das kann sich noch keiner vorstellen, wie wenig sie uns in Zukunft beim Erinnern helfen werden, wie gering das Vertrauen sein wird, das wir diesen Bildern entgegenbringen. Sie werden gar nichts wert sein. Nur ein Witz, keine Erinnerung.

Egal. An mir soll es nicht scheitern. Dein Vater hat ja Recht. Das Einzige, was mir das Ereignis derzeit wirklich verdirbt, sind diese Gedanken – und nicht etwa diese Kamera in meiner Hand, die sich gleich zwischen mich und mein Erleben schiebt. Ich habe bereits jetzt so gut wie nichts miterlebt von deiner Taufe, lief alles an mir vorbei, unwirklich, wie im Film. Nur wegen meines Ärgers, nur weil sich mein Gedankenstrom zur Selbstberuhigung beim Denken beobachten musste.

Deinem Vater geht's übrigens genauso, der ist auch nur körperlich anwesend. Schaut die ganze Zeit besorgt in meine Richtung. Hat wohl Angst, dass ich das Foto verpatze. Der Silberkelch ist schon da, senkt sich über deinem Haupt zu starren, uralten Formeln.

Jetzt geschieht es. Einfach auf den Knopf drücken. Den Augenblick festhalten. Na, wird's bald!?

Es ist geschehen.

Hoffentlich war das nicht zu spät. Mal sehen, wie das Foto auf dem Display aussieht: Ein gut durchblutetes Säuglingsohr, ein Spitzenkragen und die Fingernägel deines Vaters. Das eigentliche Ereignis wurde definitiv verfehlt. So ein Mist. Hätte er mir auch gleich sagen können, dass es bei diesen Digitalkameras einen Verzögerungseffekt von mehr als einer Sekunde gibt. Konnte ich ja nicht ahnen. Das war es dann, für immer. Der Priester wird die Prozedur sicher nicht wiederholen, nur weil es ein Foto vom Ereignis geben muss.

Das verzeiht mir dein Vater nie. Aber du, Henri Martin,

du wirst mich ganz bestimmt verstehen, mir verzeihen können, eines Tages. Hoffentlich.

Zum Glück habe ich noch ein ganzes Patenleben, dir zu erläutern, warum Bilder das wahre Ereignis nur verfehlen können. Und wenn du's nicht glaubst, so bleibt dir wenigstens dieses Foto zur mahnenden Erinnerung. Das erklärt mehr als tausend Worte.

WAS PHILOSOPHEN DARÜBER DENKEN

Das Bild – sein kultureller Wert und Unwert, sein Nutzen und seine Verheerungen – ist derzeit das bestimmende Thema der Kultur- und insbesondere der Medienphilosophie.

Natürlich fangen die Schwierigkeiten zunächst bei der Frage an, was ein Bild überhaupt ist. Hierzu findet sich Hilfreiches in dem von Gottfried Boehm herausgegebenen Sammelband *Was ist ein Bild?* (München 1997).

Für eine theoretisch avancierte und trotzdem amüsante Geschichte der technischen Produktion von Bildern und dem Einfluss dieser Bild-Techniken auf unser Denken und Handeln siehe Friedrich Kittlers *Optische Medien* (Berlin 2002).

Für eine philosophiegeschichtliche Anwendung des Bildbegriffes bietet Martin Heideggers *Die Zeit des Weltbilds* (orig. 1938; in: M. Heidegger, *Holzwege*, Tübingen 1994) einen einflussreichen Einstieg. Selten Gutes und Produktives zum Wert des Bildes für unser Leben hat Oswald Schwemmer in *Die kulturelle Existenz des Menschen* (Berlin 1997) zu sagen.

Die natürlichste Frage der Welt

Das Problem wird nicht angesprochen, geschweige denn behandelt. Dabei dürfte kein einziger Mann auf dieser Welt existieren, der sich diese Frage nicht schon einmal ernsthaft gestellt hätte, jedenfalls kein frischgebackener Vater: Wie fühlt sich das eigentlich an – zu stillen?

Verfügbare Informationsbroschüren und Elternratgeber lassen einen diesbezüglich schlicht im Stich. Einem neugierigen Jungvater bleibt nur der direkte Versuchsweg.

Warum auch nicht? Schließlich besitze auch ich zwei gesunde Brüste, Brüste, von denen einige Evolutionstheoretiker sogar behaupten, sie seien nichts anderes als die jämmerlichen Überreste einstiger Stillbrüste. Unser Kind sieht das offenbar ähnlich, wenn es sich morgens im Bett an diese meine Brüste verirrt (ich kann darüber so offen sprechen, weil in den Stillbroschüren ausdrücklich darauf hingewiesen wird, das sei ein völlig normaler Vorgang).

Ich weiß also mittlerweile sehr wohl, wie es sich anfühlt, wenn ein winziger zahnloser Menschenmund mit aller Kraft an meiner Brustwarze saugt. Soll ich meiner Frau glauben, hat dieses kitzelnde Ziehen mit der Erfahrung des Stillens allerdings so gut wie nichts gemein. Das Entscheidende am Stillgefühl sei nämlich der Milchfluss. Einen Milchfluss aber habe ich organisch nicht im Angebot, womit meine Phantasie einmal mehr auf die Beschreibungen anderer angewiesen bleibt. Solch eine präzise Beschreibung der Stillerfahrung sollte kein Problem darstellen, dachte ich. Doch was bekam ich zur Antwort, als ich der Mutter meines Kindes die natürlichste Frage der Welt stellte? Zunächst gar nichts, schließlich: »Du, dieses Gefühl lässt sich einfach nicht beschreiben.«

Ich bin ganz offenbar kein Einzelfall. Befreundete Väter berichten von ähnlichen Frustrationserlebnissen. Nicht alle wollen glauben, was sie hören. Ich kann das gut verstehen. Dieses versonnene, unendlich zufriedene Grinsen und darauf ein ebenso versonnenes »Du, das lässt sich einfach nicht beschreiben«, das kann einen als Außenstehenden schon zur Weißglut treiben. Da ist es dann wirklich gefragt, jenes besondere »Maß an Verständnis und Einfühlungsvermögen«, auf das die Informationsbroschüren uns junge Väter vorbereiten wollen.

Ich habe auch wirklich versucht, mich in die Situation meiner stillenden Frau hineinzuversetzen. Du musst das verstehen. Was würdest du denn an ihrer Stelle tun? Wie würdest du auf diese Frage antworten? … Dabei habe ich keine Ahnung, was ich an ihrer Stelle antworten würde. Das ist ja gerade das Problem!

Jeden Morgen also das gleiche Spiel. Sie stillt, das Baby trinkt Milch und ich Kaffee. Liegt es wirklich an mir, an meinem mangelnden Einfühlungsvermögen, oder nicht doch an der Beschreibungsunfähigkeit meiner Frau? Was würde ich denn antworten, sollte mich jemand fragen, wie zum Beispiel Kaffee schmeckt, jemand, dem für diese spezifische Geschmackserfahrung einfach die organischen Voraussetzungen fehlen?

»Kaffee schmeckt bitter«, würde ich zunächst antworten. Aber jemandem, der nicht weiß, wie »bitter« schmeckt, ganz einfach weil er gar nichts schmeckt – vielleicht wurden die entsprechenden Verknüpfungen in seinem Hirn bei der Geburt beschädigt –, diesem Jemand wäre mit meiner Beschreibung natürlich nicht geholfen. »Wie schmeckt ›bitter‹?«, würde er weiterfragen. Und schon wäre ich am Ende meiner Beschreibungsmöglichkeiten. Für die konkreten Eigenheiten der Bitter-Erfahrung fehlen mir die Worte, obwohl es diese Eigenheiten gibt, obwohl ich sie genau kenne und obwohl ich sie jederzeit von den Eigenheiten einer Süß- oder Sauer-Erfahrung unterscheiden kann.

In etwa so könnte es meiner Frau mit ihrem Stillgefühl gehen, stelle ich mir vor und mobilisiere dabei offensichtlich alles, was an gegenseitigem Verständnis und Wohlwollen überhaupt aufzubringen ist.

Dennoch: Irgendwie, so viel ist sicher, fühlt es sich für meine Frau an zu stillen. Und wäre der liebe Gott nicht unser treu sorgender Vater, sondern vielmehr unsere sprachlich unendlich begabte Mutter, so würde zumindest diese allmächtige, stillende Muttergöttin einem neugierigen jungen Vater ganz sicher nicht mit einem »Du, das lässt sich einfach nicht beschreiben« antworten müssen. Es gibt diese Erfahrung, und es gibt objektive Eigenschaften, die diese Erfahrung zu dem machen, was sie ist: nämlich einer Still-Erfahrung.

Nur welche sind das? Das wüsste ich schon gerne.

Vielleicht kennt dieses Rätsel am Ende doch eine organische Lösung, und diese Lösung wartet im Gehirn, dort, wo ja sämtliche Gefühle eigentlich entstehen und sich realisieren. Wäre es nicht zumindest denkbar, in meinem Gehirn ebenjenes Stillgefühl künstlich zu erzeugen, das meine Frau ganz natürlich empfindet, wenn sie stillt? So unterschiedlich werden Frauen- und Männergehirne schon nicht sein.

Ich habe von Experimenten gelesen, in denen es Neurowissenschaftlern gelungen sein soll, bei Testpersonen allein durch das Aktivieren gewisser Hirnareale eine authentische Blau-Erfahrung zu erzeugen. Die Versuchspersonen berichteten den Forschern, etwas Blaues zu sehen, ohne dass sich zum betreffenden Zeitpunkt etwas Blaues im Blickfeld der Patienten befunden hätte. Der Farbeindruck wurde von den Wissenschaftlern künstlich hervorgerufen, einfach durch das Aktivieren bestimmter Zonen des Gehirns. Gibt es im Hirn eine Aktivierungszone für das Empfinden von »Blau«, dann doch sicher auch für die Empfindung des Stillens.

Ob es so ist, weiß ich nicht. Aber selbst wenn ein derartiges Experiment aussichtsreich wäre, bliebe da für mich als skeptischer Proband noch immer ein Problem. Angenommen, ich spürte im Verlauf solch eines Experiments tatsächlich ein äußerst angenehmes, mir bislang vollkommen fremdes Gefühl. Woher soll ich wissen, ob dies das authentische Stillgefühl ist? Um mich zu vergewissern, müsste ich dieses Gefühl präzise beschreiben können. Und es spricht nicht viel dafür, dass ich das könnte. Stillende Mütter können es ja auch nicht!

Dann liegt des Rätsels mögliche Lösung zunächst doch nicht im Gehirn, nicht bei den Neurowissenschaften, sondern in der Sprache, also bei den … Sprachwissenschaftlern? Bei denen bestimmt nicht. Wo dann?

Bei den BeschreibungswissenschaftlerInnen? Die gibt es nicht. Seltsam eigentlich. Schließlich sind solche »Wie-es-sich-anfühlt-Fragen« so alt und natürlich wie das Sprechen selbst. Und auch das Ziel solch einer offenbar erst noch zu gründenden Beschreibungswissenschaft lässt sich glasklar formulieren: Diese Wissenschaft müsste sprachliche Beschreibungen hervorbringen, die es Menschen, die gewisse Erfahrungen nicht selbst erleben können, ermöglichen, sich eine möglichst präzise Vorstellung von diesen ihnen unzugänglichen Erfahrungen zu machen.

Diese neue Erfahrungswissenschaft sollte beispielsweise

einem von Geburt an Blinden verständlich machen können, wie das Rot des Mohns aussieht, Vätern, wie es sich anfühlt zu stillen, und sie müsste beispielsweise auch beschreiben können, was das eigentlich Bittere am bitteren Kaffeegeschmack ausmacht, ohne dass in solchen Beschreibungen die Worte »süß«, »sauer« oder »herb« vorkämen.

Ich habe nicht die leiseste Ahnung, wie solch eine Wissenschaft aussehen könnte oder welches ihre Forschungsmethoden sein sollten. Aber teure Gerätschaften bräuchte sie vermutlich nicht, einfach nur Menschen mit speziellen Erfahrungen und speziellen geschulten Fähigkeiten im Beschreiben dieser Erfahrungen.

Bis solch eine Wissenschaft existiert und erste brauchbare Ergebnisse liefert, werden junge Väter dieser Welt sich allerdings mit ganz anderen, äußerst prosaischen Beschreibungen des Stillgefühls zufrieden geben müssen.

Nach langem Zögern und Zweifeln hat meine Frau doch noch eine Beschreibung ihres Stillgefühls gewagt. Wolle ich denn partout keine Ruhe geben, so würde sie sagen, die mit dem Stillen einhergehende Erleichterung des Brustdrucks ähnele »dem Gefühl des kräftigen Schnäuzens einer voll Rotz gelaufenen Nase«.

Vermutlich war es mein entsetzter Blick, der sie sofort hinzufügen ließ, in Wirklichkeit fühle es sich doch ganz anders an.

Da war es natürlich schon zu spät. Seither ist meine Neugier gründlich gestillt, denn nun geistert sie herum, irgendwo in meinem Gehirn: eine erste grobe Vorstellung davon, wie sich das wohl anfühlen mag – zu stillen. Und auch die Frage, weshalb dieses Thema in keiner einzigen Elterninformationsbroschüre besprochen wird, stelle ich mir seit jenem Morgen nicht mehr.

Das Wesen eines Gefühls besteht darin, sich auf eine gewisse Weise anzufühlen. Dieser Satz scheint so offensichtlich wahr, dass er fast ein bisschen dämlich wirkt. Sollte er allerdings zutreffen, zieht seine Wahrheit eine ganze Reihe komplizierter Fragen nach sich. Zum Beispiel:

– Was meint ein Neurophysiologe mit der Behauptung, »die einzig objektive Beschreibung eines Gefühls besteht in der Angabe der jeweils aktivierten Hirnareale«? Gibt es da nicht etwas, was solch eine wissenschaftlich objektive Beschreibung schlicht aussparen und verfehlen muss, nämlich wie sich dieses Gefühl anfühlt – also das eigentliche Wesen des Gefühls?

– Woher weiß ein Mensch, dass sein Geschmackserlebnis »Kaffee« dem Geschmackserlebnis von anderen Kaffee trinkenden Menschen gleicht?

– Hätte tatsächlich jeder Mensch ein anderes Kaffeegeschmackserlebnis, könnten wir das je feststellen? Und wenn ja, wie?

Wer solchen Fragen nachgehen will, hat sich an die philosophische Teildisziplin der »Philosophie des Geistes« oder auch der »Bewusstseinsphilosophie« zu wenden.

Einen guten Einstieg in aktuelle Strömungen bietet der von Peter Bieri herausgegebene Sammelband *Analytische Philosophie des Geistes* (Bodenheim 1993). Dort findet sich auch der Artikel »Wie es ist, eine Fledermaus zu sein« des amerikanischen Philosophen Thomas Nagel. Dieser Artikel bietet nicht nur Fledermausfreunden, sondern auch werdenden Müttern und Vätern eine gute Grundlage, über das Wesen ihrer eigenen Gefühle einmal philosophisch nachzudenken.

Wege zur Sprachlosigkeit

»Jetzt rechts! Rrrreeeechts!«

Sehen Sie. Genau das meine ich. Das ist wieder so eine Situation. Sie sagt rechts, meint aber links. Das passiert ihr öfter, das ist bei ihr praktisch die Regel. Ich weiß, sie hat eigentlich links gemeint, deshalb bin ich auch links abgebogen. Denn als ich gerade eben nach rechts sah, stand da ein Kiefernhain. Und ich glaube nicht, dass meine Frau mich dazu anregen wollte, gegen die nächstbeste Kiefer zu fahren. Sie wollte, dass ich die Abzweigung links nehme.

Mein Frau ist keinesfalls der einzige Mensch, der auf dem Beifahrersitz solch ein seltsames Verhalten zeigt. Viele Freunde und Bekannte, mit denen ich schon auf Reisen war, hatten genau dieselbe Macke, sagten auch oft rechts, wo sie eigentlich links meinten. Hätte ich in diesen Situationen darauf gehört, was diese Menschen mir gesagt oder erregt ins rechte Ohr gebrüllt haben, wäre ich jetzt vermutlich nicht mehr am Leben. Diese Erfahrungstatsache lässt für mich nur einen, sehr allgemeinen Schluss zu:

Es ist absolut überlebensnotwendig, Menschen nicht nach dem zu beurteilen, was sie einem sagen.

Und wenn ich auf längeren Autofahrten, was gar nicht so selten vorkommt, darüber nachdenke, welcher konkret lebenspraktische Nutzen sich aus einer eingehenderen Beschäftigung mit der postanalytischen Sprachphilosophie gewinnen lässt, so führen diese Gedankenausflüge immer wieder zurück auf jenen einen zentralen Überlebensratschlag:

Beurteile deine Mitmenschen nicht danach, was sie dir sagen, sondern danach, was sie dir sagen wollen!

Es gibt, jeder weiß das, einen Unterschied zwischen dem, was Worte in einer Sprache bedeuten, und dem, was Menschen in bestimmten Situationen mitteilen wollen, indem sie diese Worte verwenden.

Ich nenne diese Erkenntnis für mich »den kleinen Unterschied«. Es ist ganz einfach der Unterschied zwischen dem, was jemand sagt, und dem, was jemand meint.

Manchmal glaube ich wirklich, der Schlüssel zum Lebensglück besteht einfach darin, diesen Unterschied zu erkennen.

Jedenfalls ist es ganz offensichtlich, dass man die Äußerung eines Menschen nur dann richtig verstanden hat, wenn man verstanden hat, was dieser Jemand einem mit seiner Mitteilung eigentlich sagen wollte.

Sofern das gesamte soziale Leben darin besteht, andere Menschen bestmöglich zu verstehen, besteht ein gelungenes soziales Leben also in nichts anderem, als mit diesem kleinen Unterschied bestmöglich leben zu lernen.

Ich zum Beispiel sitze gerade mit meiner Frau im Auto, und jetzt sagt sie: »Es zieht.«

Das klingt wie eine neutrale Feststellung. Ist es aber nicht. Es ist eine Aufforderung und bedeutet ganz konkret: »Bitte mach die Lüftung aus!«

Ich mache die Lüftung aus. Und jetzt sage ich: »Es zieht.«

Das ist wiederum keine Feststellung, aber auch keine Aufforderung, sondern ein Vorwurf an meine Frau. Er bedeutet etwa so viel wie: »Ohne Lüftung zieht es noch mehr, das wissen wir beide längst.«

Meine Frau sagt jetzt: »Ach, diese Pinscher!«

Das ist auch eine Klage, vor allem aber eine versteckte Aufforderung an uns beide, über den Kauf eines neuen Wagens nachzudenken, denn wir besitzen derzeit ein französisches Auto, das dementsprechend nicht ganz winterfest ist, und meine Frau nennt, ich weiß nicht, warum, Franzosen normalerweise Pinscher.

Das war ein kurzer, ganz normaler Dialog des alltäglichen Lebens. Ohne den kleinen Unterschied wäre allerdings gar nichts verstanden worden, wäre hier im Auto spätestens nach zwanzig Sekunden die Verwirrung perfekt gewesen. So hingegen ist alles friedlich, obwohl es nach wie vor zieht.

Tatsächlich ist der kleine Unterschied zwischen dem, was Worte in einer Sprache bedeuten, und dem, was Menschen einem mit diesen Worten mitteilen wollen, in so gut wie jeder Konversation mit jedem mir bekannten Menschen präsent. Ich würde sogar so weit gehen zu behaupten, dass jemand, der mit diesem Unterschied nicht umzugehen weiß, überhaupt keine Sprache lernen oder verstehen kann, dass so jemand sprachlich hoffnungslos verloren wäre.

Sollten Sie das nicht glauben wollen, fahren Sie einfach einmal nach Ostfinnland. Dort leben Menschen, die eine fremde Sprache sprechen, nämlich Finnisch und nur Finnisch. Wenn Sie im Winter dorthin fahren und Sie richten sich ausschließlich nach dem, was diese Menschen Ihnen sagen, also nach dem, was die Worte, die diese Menschen verwenden, im Finnischen bedeuten, dann gebe ich Ihnen maximal zwei Tage, und Sie sind tot. Vermutlich erfroren.

Stellen Sie sich nur vor, Sie sitzen im Auto an einer ostfinnischen Weggabelung und wissen nicht, welche Straße die richtige ist, und da läuft eine Finnin vorbei, bestens eingemummelt, schon sehr alt und offenkundig sehr schwerhörig. Sie malen Ihr dann ein Haus in den Schnee, und die Finnin erkennt Sie als jemanden aus dem Ausland, nickt, und sagt (viel zu laut): »Oikealle!«, zeigt in eine bestimmte Richtung und verschwindet, weil alles gesagt ist, was es zu sagen gab.

Sie können diese Äußerung, obwohl Sie nicht wissen, was das Wort »Oikealle« auf Finnisch bedeutet, so verstehen, als wolle diese Finnin Ihnen sagen: »Zur Ferienhütte des Sivonens müssen Sie den Weg rechts nehmen«, und weil Sie nicht glauben, dass Finninnen in solchen Situationen bei minus 20 Grad lügen oder scherzen, nehmen Sie den Weg rechts und erreichen schließlich die Hütte. In diesem Fall hätten Sie erkannt, was die Finnin Ihnen *sagen wollte*, und hätten damit – so gut wie jeder andere Musterfinne auch – *verstanden*, was die sprachliche Äußerung »Oikealle« in der betreffenden Situation bedeutete.

Was aber, wenn die betreffende Finnin meiner Frau ähnelte, wenn sie also unglückseligerweise dazu neigen sollte, »Rechts!« zu sagen, eigentlich aber »Links!« zu meinen?

Nun, das ist Pech. Nichts zu machen. Sie können sich für diesen Fall in den letzten Minuten Ihres Lebens allenfalls damit trösten, dieses Missverständnis habe nicht das Geringste mit Ihren inexistenten Finnischkenntnissen zu tun gehabt.

Es ist nämlich so: Meine Frau, die neben mir im Auto sitzt und die im Moment auch nicht weiterweiß, weil es hier in Ostfinnland jede Menge kleiner Waldwege gibt, die auf keiner offiziellen Karte eingezeichnet sind – meine Frau ist Finnin. Sie spricht fließend Deutsch, aber noch besser Finnisch. Finnisch ist ihre Muttersprache, und sie weiß sehr gut, was die Wortform »Oikealle!« auf Finnisch bedeutet, nämlich auf Deutsch »Nach rechts!«. Soweit meine Frau und ich (der kein Finnisch spricht) es verstanden haben, wollte die alte freundliche Frau uns sagen, dass es zur Hütte nach rechts geht. Wir nehmen also den rechten Weg.

Nach zehn Minuten Fahrt durch den Winterwald werde ich ein wenig unsicher, obwohl ich mittlerweile aus Erfahrung weiß, dass sich finnische Privatwaldwege erstaunlich lange hinziehen können, viel länger, als ich es von zu Hause gewohnt bin. Die Wälder sind hier einfach größer.

Besorgt bin ich noch nicht, denke aber trotzdem daran, ich sollte endlich ernsthaft versuchen, Finnisch zu lernen. Bereits vor langer Zeit habe ich einen Sprachkurs gekauft, *Me puhumme suomea* (»Wir sprechen Finnisch«). Der Kurs besteht aus zwei dünnen Büchlein, eines mit alltäglichen Konversationssituationen samt angehängter Wortliste, das andere enthält grammatikalische Regeln und entsprechende Übungsaufgaben. Ein klassisches Einsteigerpaket. Natürlich nicht zu vergleichen mit den Wälzern, die bei meiner Frau im Büro stehen.

Meine Frau, sollte ich erklären, ist Sprachwissenschaftlerin, Fennistin, um genau zu sein. Auf ihren Regalen stehen deshalb Wörterbücher, dick wie Birken, und auf die Frage, was es heißt, die Bedeutung von sämtlichen Wörtern in diesen Büchern zu kennen und aus diesen Worten gemäß grammatikalischen Regeln korrekte Sätze bilden zu können, gibt es vermutlich nur eine Antwort: Wer das kann, kann Finnisch. Die Bücher auf dem Arbeitsregal meiner Frau sind sozusagen die gedruckte Verkörperung des Finnischen als lebendiger Sprache.

Niemals im Leben wird es mir gelingen, mir das Wissen dieser Bücher einzuverleiben. Muss auch nicht sein. Mit einem weitgehend fehlerfreien »*Me-puhumme-suomea-I–III-*

Finnisch« wäre ich schon mehr als zufrieden. Wenn ich aber so auf schneeverwehten Wegen durch Ostfinnland fahre und mir vergegenwärtige, dass der alles entscheidende, ja der *einzig ausschlaggebende* Punkt beim sprachlichen Verstehen nicht etwa darin liegt, zu erkennen, welche Bedeutung die Wörter in der Sprache haben, die ein anderer spricht, sondern einfach darin, zu erkennen, was der andere einem mit seinen jeweiligen Äußerungen mitteilen will, kommen mir jedes Mal ernste Zweifel, wie sinnvoll und vorteilhaft solch ein finnisches Sprachkurswissen für mein Leben wohl wäre. Spätestens nach dem zweiten Kurs würde meine Frau nämlich im Auto anfangen, anstatt »Rechts« immer »Oikealle« zu mir zu sagen und anstatt »Es zieht« »Vetää«. Greife ich dann zur Interpretation dieser Äußerungen auf mein finnisches Grundkurswissen zurück und handle entsprechend den sich daraus ergebenden Bedeutungen, so wird es früher oder später um mich und meine Frau geschehen sein. Auf Deutsch fühle ich mich im Auto einfach sicherer.

Diese Überlegung ist, ich weiß das wohl, nur eine faule Ausrede. Es wäre ja kein Problem, zusätzlich zu meiner *Me-puhumme-suomea*-Wortliste noch ein kleines Sonderheft anzulegen, etwa mit dem Titel »Finnisch, wie es meine Frau zu verwenden pflegt«. In diesem Heft würde ich dann alle überlebenswichtigen Sonderregeln eintragen, die ich in einer deutschen Konversation mit meiner Frau zu beachten gewohnt bin. Für meine ehelichen Konversationen auf Deutsch besitze ich zwar auch kein Heft »Deutsch, wie meine Frau es spricht«, aber wenn ich es besäße, würden sich in diesem Heft Einträge wie die folgenden finden:

rechts; Richtungsangabe, rechts ist da, wo der Daumen links ist. Aber Vorsicht! In gewissen Situationen, besonders auf längeren Autofahrten, auch in der Bedeutung von »links« verwendet (siehe Eintrag *links*).

Pinscher; Gattungsname, in Zuständen der Verärgerung synonym mit »Franzosen« (insbesondere in ihrer Rolle als Kleinwagenhersteller)

Es zieht; idiomatische Wendung; meist in der Bedeutung von »Mach die Lüftung aus!« verwendet, gelegentlich auch gepaart mit »Wir sollten über ein neues Auto nachdenken«.

Es ist klar, dass diese Einträge in einem Standardwörterbuch des Deutschen absolut nichts verloren hätten. Und wollte ich so all die individuellen Macken, Schönheiten und beziehungshistorisch bedingten Besonderheiten im Sprechverhalten meiner Frau auflisten, wäre dieses Sonderheft recht dick. Es wäre ein höchst individuell ausgerichtetes, konversationsorientiertes Wörterbuch, mit dem nur ich und vermutlich niemand sonst auf dieser Welt wirklich etwas anzufangen wüsste. Es würde sich tatsächlich jeden Tag verändern, denn ständig kommt in unserer Ehe ein neuer Schnack hinzu. Im Grunde existieren in meinem Kopf ziemlich viele verschiedene solcher personenbezogenen Wörterbücher, denn ich spreche mit verschiedenen Menschen verschieden, und sie sprechen verschieden mit mir. Und je besser ich diese Personen kenne, je mehr ich schon mit ihnen gesprochen habe, desto weiter entfernen sich die entsprechenden Wörterbücher von einem Wahrig-Standardwörterbuch des Deutschen. Vor allem aber denke ich daran, dass mir selbst so ein höchst spezielles Wörterbuch in bestimmten Situationen, wie denen im Auto, *nicht* entscheidend weiterhelfen würde. Es wäre bestenfalls eine erste, aber eben nicht die entscheidende Verstehenshilfe. Denn die Antwort auf die eigentliche Überlebensfrage, ob ich sie im Auto besser so verstehen soll, dass sie mit »Rechts!« »Rechts!« meint oder dass sie mit »Rechts!« eigentlich »Links!« meint, die hängt nun einmal nicht zuletzt von der jeweiligen Fahrsituation ab. Was ich sehe, wenn ich zu einem beliebigen Zeitpunkt seitlich aus dem Autofenster blicke, wird mir indes kein Wörterbuch der Welt je sagen können – aber genau darauf kommt es am Ende an! Die gleiche grundsätzliche Situationsgebundenheit trifft auch auf den Fall »Es zieht« zu – sowie im Prinzip auf jede andere denkbare Mitteilung.

Meine Frau brächte es zum Beispiel fertig, bei einem Abendessen, zu dem wir einen lieben Freund aus der französischen Schweiz eingeladen haben, plötzlich »Es zieht« zu sagen, und was sie mir, der darauf leicht irritiert zum Fenster geht, um zu prüfen, ob es korrekt verschlossen ist, damit eigentlich hätte sagen wollen, war, dass wir das Abendessen langsam zu Ende bringen sollen, weil sie den Gast nicht gut leiden mag. Das wäre dann ein neuer Sonderhefteintrag für »Es zieht« – und möglicherweise müsste ich in diesem Fall sogar den Eintrag »Pinscher« in seiner Bedeutung erweitern.

Sie sehen, mit einem Standardwörterbuch Deutsch hat dieses Sonderheft so gut wie nichts gemein – und Regeln dafür, wie ich meine Frau mit diesem Wörterbuch in entsprechenden Situationen bestmöglich verstehen kann, lassen sich auch keine angeben. Das hängt eben davon ab. Andererseits handelt es sich um ganz normale Kommunikationsszenen einer ganz normalen Ehe. Sie kennen das aus eigener Erfahrung – und besitzen auch jede Menge solcher Sonderhefte (irgendwo, in ihrem Hirn). Aus alldem lässt sich wiederum nur ein vernünftiger Schluss ziehen:

Es ist letztlich nicht die Kenntnis der Regeln des Deutschen als Sprache – weder der korrekten Wortbedeutungsregeln noch der grammatikalischen Regeln –, die es einem Deutsch sprechenden Menschen ermöglicht, mit einem anderen Deutsch sprechenden Menschen sprachlich erfolgreich zu kommunizieren. »Erfolgreich« bedeutet hier einfach: verstehen, was man einander sagen will.

Und weil deutschsprachige Menschen ganz normale Menschen sind, lässt sich in der obigen Formulierung auch »Finnisch«, »Suaheli« oder »Udmurti« einsetzen. Denn der kleine Unterschied zwischen »sagen« und »meinen«, der tritt in jeder Sprache in nahezu jedem Gespräch zutage und bedingt dabei das gegenseitige Verstehen. Die Regeln der jeweiligen Sprache, die man spricht, helfen einem in keiner Weise dabei, mit diesem kleinen und alles entscheidenden Unterschied in der jeweiligen Situation fertig zu werden. Und andere feste Regeln gibt es nicht.

Ein sehr berühmter Philosoph, den ich sehr schätze, hat genau diese Einsicht einst auf die Formel gebracht: »Es gibt keine Sprache, jedenfalls dann nicht, wenn Sprache etwas entspricht, was sich Linguisten und Philosophen lange Zeit darunter vorgestellt haben.«

Ich habe gerade auf längeren Autofahrten wiederholt versucht, meiner Frau diese Einsicht verständlich zu machen. Gelegentlich sogar auf die sokratische Tour, mit einem »Finnisch, was meinst du damit? Gibt es das überhaupt? Wer spricht es denn, und wer versteht sich damit?«. Aber irgendwie komme ich bei ihr damit nicht durch. Manchmal denke ich, es liegt daran, dass sie Sprachwissenschaftlerin ist und es einfach einen kleinen Unterschied zwischen Sprachphilosophie und Sprachwissenschaft gibt. Einmal allerdings hat sie gesagt, an dem Tag, an dem ich ihr den ganzen philosophischen Quark auf Finnisch erkläre, werde sie die These sofort für wahr halten. Philosophisch betrachtet ist diese Haltung natürlich vollkommen inakzeptabel. Denn wenn etwas wahr ist, dann ist es in jeder Sprache wahr.

Meine Frau weiß das. Ich vermute also fast, sie wollte mir damit eigentlich mal wieder etwas anderes sagen. In jedem Fall umfahren wir dieses Thema seit längerem weitläufig. So wie diese verdammte Hütte, wenn mich nicht alles täuscht.

Ach, diese Finninnen.

WAS PHILOSOPHEN DARÜBER DENKEN

Menschen, das fällt sofort auf, sprechen miteinander. Sie tun dies überall auf der Welt und in den verschiedensten Sprachen. Aber wie lässt sich erklären, dass ein Mensch einen anderen *versteht*?

Wer diese Frage in philosophischer Absicht stellt, ist weniger an dem konkreten Aufbau und der besonderen Lautgestalt einer einzelnen Sprache interessiert (wie dem Deutschen oder dem Finnischen) als vielmehr an einer möglichst allgemeinen Beschreibung von Fähigkeiten und Kompetenzen, die jede erfolgreiche sprachliche Kommunikation bedingen.

Grundsätzlich lassen sich in der Philosophie zwei sprachliche Glaubensbekenntnisse voneinander unterscheiden. Die eine Gruppe glaubt, sprachliche Verstehensfähigkeiten bestünden wesentlich

darin, gewissen *gemeinschaftsbezogenen Regeln korrekt folgen zu können.* Die andere Gruppe bestreitet die Existenz solcher Regeln zwar nicht, für sie liegt der springende Punkt beim Verstehen aber gerade darin, *von diesen Regeln in einer konkreten Verstehenssituation eigenständig abweichen zu können.* Und dies wiederum sei eine (spezifisch menschliche) Fähigkeit, zu deren Erlangung und Ausübung sich keine festen Regeln angeben lassen.
Zur Gruppe der Regelabweichler versammeln sich im 20. Jahrhundert so verschiedene Denker wie Michail Bachtin, Hans-Georg Gadamer, Jacques Derrida oder Donald Davidson (von dem auch der im Text zitierte Satz stammt: »Es gibt keine Sprache, jedenfalls nicht in dem Sinn, in dem Philosophen und Linguisten sich das gedacht haben«).

Wer verstehen will, weshalb das Problem der »Sprache« noch immer das zentrale Problem der zeitgenössischen Philosophie darstellt, findet in Ian Hackings *Die Bedeutung der Sprache für die Philosophie* (Königstein 1984) eine hervorragende Einführung.

Die 10-Millionen-Euro-Frage

»Wie viel Geld ich wohl auf dem Konto bräuchte, um nie wieder im Leben arbeiten zu müssen?«

Geben Sie es zu, die Frage hat Sie schon beschäftigt, intensiv sogar, auf einem einsamen Waldspaziergang, bei einem Abendessen mit Freunden oder der PowerPoint-Präsentation Ihres Vorgesetzten. Nicht, dass Sie Ihre Arbeit hassen, aber mit dem sicheren Bewusstsein, ihr nicht länger nachgehen zu müssen, arbeitete es sich gewiss ganz anders. Angenehmer. Außerdem hat die Aussicht auf weitere 30 bis 35 Jahre Berufsleben durchaus etwas Bedrückendes. Denn 30 bis 35 Jahre – spätestens als 30- bis 35-Jähriger lässt sich das zuverlässig beurteilen – sind schon eine verdammt lange Zeit.

Ihnen schwebt also ein Leben als Privatier vor. Es geht bei einer solchen Frage ja nicht um ein gesichertes Existenzminimum. Sie wollen gut leben, gerne sehr gut, wollen fortan ins Restaurant gehen können und bestellen, wonach Ihnen der Sinn steht. Sie träumen von einem Leben, bei dem es Ihnen auf den einen Euro mehr oder weniger nicht mehr ankommen muss, nie mehr. An solch ein Leben denken Sie, wenn Sie sich die Frage stellen, wie viel Geld Sie wohl bräuchten, um sich bereits heute finanziell bestens abgesichert zu fühlen.

Und, wie viel Geld wäre es?

Ein Haufen Geld.

Konkreter, bitte. Dass es ein Haufen Geld sein müsste, versteht sich. Wir reden hier nicht von einem Euro auf Ihrem Sparbuch. Damit ist niemand abgesichert, nirgendwo. Daran ändert sich auch nicht das Geringste, wenn Sie nun einen weiteren Euro zur Bank tragen. Jetzt haben Sie zwei Euro, Sie legen noch einen Euro auf die hohe Kante, Glückwunsch, macht drei Euro, aber Ihrem Wunschziel sind Sie damit keinen Schritt näher gekommen.

Mit solch einer Sparschweinmentalität wird das nie was. Der Ansatz, die ganze Denkart ist hoffnungslos, verfehlt, grundfalsch. Soll Ihr Wunsch nicht nur ein Wunsch bleiben, müssen Sie klotzen, nicht kleckern, müssen von Beginn an in den entsprechenden Summen und Kategorien denken, nur dann haben Sie überhaupt eine Chance. Stellen Sie sich einfach vor, die gute Wunschfee klingelt eines Morgens an der Tür und sagt: »Ich bin gekommen, um Ihnen ein Leben als Privatier zu ermöglichen. Nennen Sie mir bitte die Summe, die Entscheidung liegt ganz bei Ihnen.«

… Na, wird's bald.

10 Millionen Euro.

Glänzend, das ist definitiv ein Haufen Geld. Bei dieser Summe könnten Sie bereits von den Zinsen sorgenfrei leben. Konservativ angelegt, sagen wir bei 3,5 Prozent, ergäbe das im Jahr 350.000 Euro Zinsen, grob 30.000 Euro monatlich. Das sollte, selbst inflationsbereinigt, bis ans Lebensende reichen. Auf einen Euro mehr oder weniger müsste es Ihnen bei einem 10-Millionen-Vermögen gewiss nie mehr ankommen.

Sind Sie sich da sicher? Reicht Ihnen das wirklich? Denken Sie die Sache lieber noch einmal durch. Gerade in Geldfragen sind kühler Kopf und einwandfreie Analyse gefragt. Und es gibt keine zuverlässigere Analyse als die logische. Die Logik kommt noch vor der Mathematik. Ohne Mathematik aber keine Wirtschaftswissenschaften, und ohne Wirtschaftswissenschaften keine gut frisierten und absolut vertrauenswürdigen Vermögensberater. Das *klingt* logisch.

Mit 10 Millionen Euro auf dem Konto, schätzen Sie, befänden Sie sich definitiv in einem Vermögenszustand, bei dem es Ihnen für den Rest Ihres Lebens auf den einen Euro mehr oder weniger nicht mehr ankommen müsste. Daraus lässt sich logisch schließen, dass Sie sich auch bei einem Vermögen von 9.999.999 Euro noch in demselben Wunschzustand befinden, also einem Zustand, in dem es Ihnen, im Zweifelsfall, auf den einen Euro mehr oder weniger nicht mehr ankommt.

Ein wirklich komfortables Gefühl, an dem sich selbst dann nichts ändern wird, sollte von Ihrem Konto nun noch ein weiterer Euro abgezogen werden. Sie besitzen jetzt noch 9.999.998 Euro. Das ist immer noch ein Haufen Geld, genug für den Rest Ihres Lebens. Ein Euro mehr oder weniger wird daran nichts ändern. Gut. Ziehen wir also noch einen ab. Und noch einen. Und noch einen … auf den einen Euro mehr oder weniger, sagten Sie, wird es Ihnen bei einem Ausgangsvermögen von 10 Millionen ja nie mehr ankommen müssen, woraus sich mit logischer Notwendigkeit schließen lässt, dass Sie sich wirklich nie mehr um Ihre finanzielle Situation sorgen müssen, ganz egal, wie oft diese Ein-Euro-Prozedur auch wiederholt würde. Das *ist* logisch.

Trotzdem kommt es Ihnen seltsam vor? Mir auch. Irgendwann muss doch Schluss sein, sonst endet Ihr sagenhaftes Vermögen nach 9.999.999 wiederholten Ein-Euro-Abzügen noch bei jenem einen Euro, mit dem Sie besser gar nicht erst anfangen, von einem Leben als Privatier zu träumen.

Es existiert offenbar, ein Euro hin oder her, durchaus

eine Untergrenze, bei der Sie einschreiten und sagen: »Stopp, bis hierhin und nicht weiter!« Sollte Ihr Kontostand diese kritische Grenze unterschreiten, wäre Ihre finanzielle Situation wieder ein ernstes Thema. Diese Untergrenze, deren Existenz Sie deutlich spüren, liegt nicht bei 10 Millionen Euro, das reicht satt, nicht bei 9.999.999 Euro, auch nicht bei 9.999.998 …, sondern tiefer.

Wo genau aber liegt diese Grenze, ab der Sie sagen würden, jetzt ist Schluss? Was sagen Sie?

Bei 6,5 Millionen Euro.

Zum Ersten, Zweiten, Dritten.

Fein, das wäre Sie also, Ihre absolute, endgültige und echte Untergrenze für das sichere Bewusstsein, nie mehr im Leben arbeiten zu müssen. Und was wäre dann bei 6.499.999 Euro auf dem Konto, beginnt dann wieder das große Zittern, gar das Pfennigfuchsen?

Machen Sie sich bitte nicht lächerlich.

Außerdem, sollte Ihr finanzielles Sicherheitsgefühl wirklich von diesem einen Euro weniger oder mehr abgehangen haben, weshalb haben Sie dann nicht gleich 6.500.001 als absolute Untergrenze genannt oder, noch besser, 6.500.002? Schließlich weiß man nie, wer als Nächstes um die Ecke kommt, um Ihnen mit irgendeinem fadenscheinigen Argument den allerletzten Extra-Euro aus der Tasche zu ziehen.

Schauen Sie mich jetzt bloß nicht so an! Es ist Ihr Problem, nicht meines. Sie haben sich die Frage nach der Höhe Ihres Wunschvermögens einst selbst gestellt, ganz für sich, aus eigenem Antrieb. Ich bemühe mich lediglich, gemeinsam mit Ihnen eine möglichst präzise Vorstellung von Ihren

Lebensvorstellungen zu entwickeln. Philosophen tun so etwas.

Augenscheinlich haben Sie derzeit bestenfalls eine vage Vorstellung davon, wie viel Geld Sie gerne auf dem Konto hätten, um sich für alle Zeit finanziell abgesichert zu fühlen. Das ist schon ein Problem. Schließlich wird dieser Zustand von Ihnen gewünscht, er stellt sogar ein vorläufiges Lebensziel dar. Wie aber könnten Sie sich je sicher sein, Ihre kritische Vermögensgrenze passiert zu haben, ohne für sich zu wissen, wo sie liegt?

Sie wissen sehr wohl, bei welcher Summe Sie diese Grenze passiert hätten?

Ich höre.

10 Millionen Euro!

Seltsam, gerade eben waren es noch 6,5 Millionen.

Irgendetwas läuft hier falsch. In Fällen schwerer Verwirrung – als ob 3,5 Millionen für Sie keinen Unterschied bedeuteten! – empfiehlt es sich für einen vernünftig denkenden Menschen, die Probleme erst einmal zu ordnen und dann Schritt für Schritt anzugehen.

Das vorrangige Problem dürfte derzeit Ihr wahrer Kontostand sein – und nicht Ihr angestrebter. Sie müssen noch arbeiten. Gut drei Viertel Ihrer Lebenswachzeit verbringen Sie deshalb mit Tätigkeiten, denen Sie, hätten Sie die freie Wahl, so nicht nachgehen würden. Eine Wahrheit, die Ihren Wunsch nach einer möglichen Privatierexistenz nur noch dringlicher werden lässt. Die gute Wunschfee aber wird, Sie ahnen das, niemals an der Tür klingeln. Am Ende bleibt Ihnen nur ein legaler und aussichtsreicher Weg, in den Besitz der angestrebten Summe zu gelangen: arbeiten.

Mit etwas Phantasie gibt es in Ihrem Beruf durchaus Möglichkeiten, 10 Millionen Euro zu verdienen. Von heute auf morgen ginge es nicht, auch nicht ohne große Karrieresprünge, und selbst in diesem günstigsten Fall wäre noch mit mindestens zehn Jahren Erwerbsleben zu rechnen.

Eine echte Spitzenposition stellt natürlich ganz andere Anforderungen, nicht zuletzt zeitlich. Unter zwölf Stunden täglich ginge gar nichts, was gerade ein Mensch, der mit dem Ziel arbeitet, nie wieder arbeiten zu müssen, mental erst einmal wegstecken muss. Der berufliche Aufstieg, die wachsende Verantwortung und das damit einhergehende soziale Renommee führten außerdem zu einer Veränderung Ihres Lebensstils. Neue Bedürfnisse entstünden, neue Mindestansprüche, neue Wünsche, kurz, um ganz unbeschwert weiter so leben zu können, wie Sie es sich bis dahin angewöhnt haben dürften, bräuchten Sie mehr als die ursprünglich angedachte Summe, mehr als 10 Millionen, womöglich 15, wofür Sie sich dann noch einmal mindestens drei Jahre in der absoluten Spitze beweisen müssten.

Es besteht gar die Gefahr, Ihrem Ziel gerade im Falle einer steilen Karriere nicht etwa näher zu kommen, sondern sich im Gegenteil mit jedem Jahr weiter von ihm zu entfernen.

Allerdings wird die Spanne Ihres Lebens selbst im Erfolgsfall kürzer, was die Kosten senkt, und zudem tritt ab einer gewissen Karrierestufe der paradoxe Effekt ein, dass die meisten und gerade die begehrtesten Waren gar nichts mehr kosten. Sie werden Ihnen geschenkt. Aus Freundschaft, Loyalität, als Entscheidungshilfe, warum auch immer.

Vermutlich gäbe es ihn also doch, Ihren endgültigen finanziellen Sättigungspunkt, ebenjene Summe, die es Ihnen ermöglichen würde, sich eines schönen Tages im Sessel zurückzulehnen und bei einem Glas edlen Rotwein zu denken: Ich habe es geschafft, arbeiten müsste ich nicht mehr, was ich habe, reicht mir und den meinen bis an mein Lebensende. Ich bin ein wahrhaft wohlhabender Mensch.

Und diese Grenze läge für Sie bei …?

10 Millionen Euro!

An diesem Punkt, wie soll ich sagen, an diesem Punkt würde es Ihnen also nie mehr im Leben auf den einen Euro mehr oder weniger ankommen müssen, verstehe ich Sie da richtig?

Nein, da verstehe ich Sie vollkommen falsch:

10 Millionen Euro, keinen Cent weniger!

Das war ja zu befürchten. Jetzt hat Sie allein schon der Gedanke an 10 Millionen Euro in den Menschen verwandelt, der Sie nie hätten werden wollen. Nicht einmal einen einzigen Cent glauben Sie jetzt noch entbehren zu können.

Ich sage Ihnen was, dieser Gedanke an eine Summe, die Sie von allen finanziellen Sorgen erlöst, der ist nicht gut für Sie, der führt Sie in die Irre, führt Sie in ein falsches Leben. Er verwandelt Sie, je mehr Raum Sie ihm geben, in einen Menschen, der alles zu Mitteln des Gelderwerbs macht, als ob dies das Ziel wäre, auf das hin alles gerichtet werden müsste.

In einem solchen Leben endet letztlich jede Arbeit, jedes Hobby, selbst Ihre Lieblingstätigkeit als ein Mittel zum

Zweck, zum Geldzweck, und ein solches Leben ist entfremdet. Es entfremdet Sie nicht nur vom möglichen Sinn Ihrer Arbeit, sondern auch vom möglichen Sinn Ihrer Existenz. Vor allem aber führt dieser Gedanke – das lässt sich streng logisch aufzeigen! – in nichts als endlose Gier und damit ins sichere Unglück. Der Punkt, an dem es Ihnen auf einen Euro mehr oder weniger nie mehr im Leben ankommen wird, diesen Punkt gibt es gar nicht, jedenfalls können Sie ihn nicht präzise benennen. Und gerade im Zweifelsfall wird es, wie der Mensch nun einmal ist, immer noch ein Euro mehr sein müssen.

Sie werden sich also jetzt, wo Sie es besser wissen, diese Frage nie mehr ernsthaft so stellen, womit bewiesen wäre, dass streng logisches Philosophieren in ein besseres Leben führt. Ich finde, ein Euro sollte Ihnen dieser Beweis mindestens wert sein. Recht bedacht, haben Sie diesen wahren Erkenntniseuro bereits an mich gespendet, indem Sie das vorliegende Buch erworben haben – das kommt genau hin. Und das soll es auch. Denn auch ich habe noch ein ganzes Arbeitsleben vor mir, und manchmal, ich sage es Ihnen ganz ehrlich, träume ich kurz vor dem Einschlafen davon, 10 Millionen Euro auf dem Konto zu haben. Das würde nämlich bedeuten, dass sich zehn Millionen Menschen keinen falschen Lebensvorstellungen mehr hingeben. Vor allen Dingen aber müsste ich dann nie mehr arbeiten.

Das vorliegende logische Paradox gehört zu den ältesten der abendländischen Philosophie. Ursprünglich hieß es das Sorites-Argument (*Soros* bedeutet auf Griechisch »Haufen«) und trat als der Zweifel in Erscheinung, wie viele Sandkörner wohl einen Haufen Sand ergeben. Ein Sandkorn ergibt keinen Haufen, auch nicht zwei. Aber irgendwann, das wird jeder zugeben, ist der Punkt erreicht, an dem eine gewisse Anzahl von Sandkörnern einen Haufen bildet – wobei es für solch einen echten Sandhaufen nicht mehr darauf ankommt, ob er aus einem Korn mehr oder weniger besteht.

So gesehen sind Haufen also höchst mysteriöse, eigentlich unerklärliche Gebilde – und Gleiches gilt auch für Vermögen in der Höhe von 10 Millionen Euro.

Wer mehr zu Sorites-Verwicklungen erfahren will, kann sich in dem Buch *Vagueness*, herausgegeben von D. Graff und T. Williamson (Aldershot 2002), auf den neuesten Stand der philosophischen Haufen-Forschung bringen. Eine gute Einleitung in das Philosophieren anhand von Paradoxien bietet R. M. Sainsburys *Paradoxien* (Stuttgart 2001).

Jammern, Schaudern, Reinigung

Ob die rein sind? Natürlich will ich das wissen. Die Frage nach der Reinheit ist schließlich keine Frage unter anderen. Sie begleitet uns Menschen, seit wir denken und wahrnehmen. In der bunten Vorzeit der Mythen erregte der reine Zufall die Gemüter, den Katholiken plagt seit zwei Jahrtausenden das Rätsel der reinen Empfängnis, den Protestanten die Frage nach dem reinen Gewissen und den Kantianer die Kritik der reinen Vernunft. So quält auch mich seit Jahren eigentlich nur noch eine Frage: Rein? Gemeint sind die Blut- und Urinproben meiner Sporthelden.

Wie jeden Menschen drängt es auch mich als Radsportfanatiker nach Reinheit und Reinigung. Ja, ich glaube sogar, in dieser quälendsten aller Ausdauersportarten ist die Reinigung das eigentliche Ziel der Übung. Ist das wahr, so gibt es im Radsport sicher nichts Reinigenderes als die Tour de France, insbesondere ihre mittlerweile zum Fernsehritual erhobene Bergankunft von Alpe d'Huez. Jeden Juli sitze ich – gemeinsam mit Abermillionen Gleichgesinnter – bei strahlendstem Sonnenschein acht Stunden im Wohnzimmer und kann einfach nicht abschalten. Angesichts dieses Verhaltens bedarf es gewiss keines geisteswissenschaftlichen Studiums, um vor der Frage zu stehen: Warum? Wie kommt es dazu? Was erwarte und erhoffe ich, der vorgeblich rein passive Fernsehfan, von dieser achtstündigen Tragödie aus Schmerz und Schweiß? Ist es, mit Aristoteles gesprochen, nicht ebendies: Reinigung, *Katharsis*?

Aristoteles war der erste Mensch, der systematisch darüber nachdachte, was eigentlich gut daran sein soll, anderen in ihrem Unglück auch noch zuzusehen. Deshalb liegt es so nahe, seine Tragödientheorie auf die Königsetappe der Tour de France anzuwenden. Denn eines ist klar: Wenn ich die Helden meines Dramas am letzten Todesgipfel einträchtig und einsam leiden sehe, so vermag ich eines nicht – sie mir als glückliche Menschen vorzustellen.

Von einer Tragödie, so Aristoteles, gilt es insbesondere dann zu sprechen, wenn »Besseren als uns Übles widerfährt«. Um den dramatischen Effekt zu steigern, sollen die Helden überdies edler dargestellt werden, als sie in Wirklichkeit sind – wofür das Fernsehen ja emsig sorgt. Ihr Leistungsvermögen darf andererseits nicht die Grenzen des Wahrscheinlichen übersteigen – worum man sich mittlerweile ebenfalls bemüht. Nur dann tritt eine affektische Wirkung ein, die zu einer mitleidenden und letztlich reinigenden Identifikation des Zuschauers mit seinem Helden führt. Modern gesprochen ist der Held demnach nur so ein glaubwürdiger Werbeträger.

Ich muss als Fan schon daran glauben können, ein Pantani oder Armstrong habe lediglich mit reinem Mineralwasser und Müsliriegeln gestärkt die letzten 1100 Höhenmeter zum Gipfel in 37 Minuten bewältigt – wobei es, wie schon Aristoteles verschmitzt bemerkt, bei derartigen Großveranstaltungen »auch wahrscheinlich sei, dass sich mancherlei gegen die Wahrscheinlichkeit abspiele«.

Das Herz und Lunge ergreifende Jammern *(Eleos)* sowie das fürchterliche, himmelwärts gerichtete Schaudern *(Phobos)*, in dem das Schicksal der tragischen Helden besteht, erzeugen in mir als Zuschauer eine lustvolle Erleichterung von bedrückenden Sorgen und dunklen Trieben. Im Mitleiden und Anfeuern kann ich selbst übelsten Affekten freien Lauf lassen, mich von Ungutem und Unbefriedigtem reinigen. Als Freund der Leidenschaften spricht Aristoteles in diesem Zusammenhang ausdrücklich von einem »für die Gemeinschaft unschädlichen Vergnügen«, fügt aber noch mahnend hinzu, das tragische Handlungsmodell dürfe »dem allgemeinen sittlichen Empfinden natürlich nicht Hohn sprechen«.

In diesem Zusatz mag ein Problem für mein heutiges Fandasein liegen. So sah es wohl vor wenigen Jahren auch die französische Sportministerin und resolute Anti-Doping-Aktivistin Marie-Georges Buffet. Als Mitglied der Kommunistischen Partei stand Frau Buffet – deren forscher Widerstand den Dopingskandal erst eigentlich ins Rollen brachte – ideengeschichtlich in der Nachfolge des Dichterfeindes Platon und achtete deshalb besonders darauf, dass der Sport und die Kunst keine Zerrbilder vermitteln, die den Sitten und damit der Gemeinschaft großen Schaden zufügen. Genau darin besteht ja Platons Kritik an den Dichtern – und damit in heutiger Zeit auch den Veranstaltern von dramatischen Sportveranstaltungen: Sie lügen, setzen falsche Vorstellungen in die Welt, kreieren tugendlose Helden und Götter. Platon beklagte schon damals bitter, die exponierten Leitfiguren seien in der Regel »unbeherrscht, bestechlich, habgierig und aufsässig, kein Vorbild für die Jugend, sondern im Gegenteil deren Verderben«. Trifft er damit nicht noch heute den Problemkern des Profisports? Welche praktischen Schlussfolgerungen soll ich als Otto Normalabstrampler am Gipfel ziehen, wenn ich, mit austrainierten Waden und reinem Mineralwasser bewaffnet, die dreifache Zeit für meine ganz private Reinigung am Anstieg benötigte? Wozu führt, breiter gedacht, die aktive Teilnahme am Leiden von Helden, deren Treiben meinem Fairness-Empfinden Hohn spricht? Ach, olles Gejammere, immer die gleiche Leier! Ist doch alles gar nicht so tragisch! Zumindest behaupten das die Tourveranstalter, und auch die gesponserten Kommentatoren im Fernsehen. Sie könnten, mit Aristoteles, sogar Recht haben. Nicht etwa, dass Aristoteles ein Freund des Dopings gewesen wäre. In keiner Ethik spielen das gesunde Maß und das Verhalten von heldenhaften, konkret verkörperten Leitfiguren eine größere Rolle als bei ihm. Aber im Tragödienshowgeschäft richten sich die Dichter, wie der alte weise Mann zu bedenken gibt, nun einmal »letztlich nach den Wünschen der Zuschauer«. Und wie ließe sich bestreiten, dass die allgegenwärtige Dopingproblematik für mich mittlerweile selbst ein essentieller und höchst spannungserzeugender Teil der Gesamttragödie Tour de France geworden ist?

Das Kriminalspiel um Entdecken und Entdecktwerden, um Schuld und Sühne trägt unzweifelhaft zu meinem Zuschauergenuss bei. Ich denke dabei an den Fall eines siegreichen Sporthelden, der die Schandtat ohne sein eigenes Wissen ausführte, an das Schicksal eines gedopten Etappensiegers, der selbst nicht die geringste Ahnung von seinem Missbrauch hatte. Diese Leidensrolle steht glasklar in der Tradition der größten Tragödienhelden, also von Ödipus. Solch ein Held beging nämlich »eine Tat ohne Einsicht und erlangt sie erst, nachdem er sie ausgeführt hat«.

Wie oft schon durfte ich mit solch tadellosen und unbescholtenen Sportsmännern mitfühlen, denen eine fremde Substanz in die Trinkflasche oder gar in die Zahnpasta gemixt wurde! Strahlenden Siegern, die dopten, ohne zu wissen, was sie da taten! Das sind wahrhaft tragische Fälle! Da bleibt kein Auge trocken, da fühle ich mich im Innersten betroffen! Das muss ich einfach sehen!

So werde ich also auch in den kommenden Jahren,

gemeinsam mit Abermillionen Radsportenthusiasten aus aller Welt, bei glühender Sommerhitze im Wohnzimmer ausharren. Und ist es nicht einfach unwiderstehlich, wie sich ein Ullrich und Armstrong in langen, qualvollen Schlangenbewegungen gemeinsam dem Höhepunkt nähern, bald göttlich erschöpft und nur mit dem einen, aristotelischsten aller Menschengedanken im Sinn: »Das Ziel aber ist das Wichtigste von allem«?

Verstehe ich Aristoteles richtig, lag die unauslöschliche Faszination und reinigende Kraft der Tour der Leiden ja niemals in etwas anderem als in den Handlungen, die das Peloton der Helden so überaus dramatisch nachahmt *(Mimesis)*: also denen des reinen Radsports. Um einmal so richtig abzuschalten, gibt es im Fernsehsport jedenfalls nichts Besseres, als andere für sich schwitzen und leiden zu lassen und sich dabei auch noch – mit restlos reinem Zuschauergewissen – moralisch überlegen zu fühlen.

WAS PHILOSOPHEN DARÜBER DENKEN

Platons Kritik an den Dichtern und ihren verzerrenden Vorbildern findet sich in seinem Werk *Der Staat* (3. Buch), Aristoteles' Theorie der Tragödie, in der auch sein bis heute äußerst einflussreicher Katharsis-Gedanke erläutert wird, kann in seiner *Poetik* nachgelesen werden.
Die Tour de France, das härteste Radrennen der Welt, findet noch immer jedes Jahr im Juli statt.

Was heißt, sich im Glauben orientieren?

Wenn das mal gut ausgeht! Ist aber auch ein unübersichtliches Nest! Normalerweise würde ich in solchen Situationen einfach einen Einheimischen fragen. Die kennen sich schließlich am besten aus. Aber keine Menschenseele auf der Straße. Besonders fromm können die hier auch nicht sein. Eine ganz alte Kapelle, klein und atmosphärisch, hieß es. Schöne Idee, im Prinzip. Nur schwer zu finden. Hätte ich bloß die Einladung mitgenommen. Da war eine Anfahrtsskizze drauf. Unverzeihlich wäre das, sollte ich zu spät kommen. Eine Taufe ohne den Paten. Dafür werde ich ewig in der Hölle schmoren. Zumindest in der sozialen. Und womöglich sogar in der realen. *In der Hölle!*

Jetzt lache ich noch drüber. Dabei gibt es nur zwei Möglichkeiten:

Entweder Er existiert oder Er existiert nicht.

Existiert Er aber tatsächlich, und zwar so, wie die einzig wahre Kirche es verbreitet, so erwarten einen Menschen wie mich im Jenseits Leiden, deren Dauer und Intensität ich mir jetzt noch nicht einmal vorzustellen vermag.

Existiert Er hingegen nicht und auch kein Jenseits, ich aber lebte fortan nach Seinen Geboten, so entgingen mir hier auf Erden einige wenige Sinnenfreuden. Wenn überhaupt.

Steht diese Alternative erst einmal vor Augen, muss ich eigentlich nur noch zwei und zwei zusammenzählen. Für einen restlos aufgeklärten, rationalen Entscheider, der bestrebt ist, seinen ganz persönlichen Lustgewinn zu maximieren, gibt es da nur eine vernünftige Wahl: Pro Gott!

Angesichts der offenen Frage, ob es Ihn gibt oder nicht, steht der mögliche Lustgewinn eines gottfernen Lebens einfach in keinem vernünftigen Verhältnis zu der Leidenszeit, die einen Ungläubigen erwartet, falls Er tatsächlich existiert. Das sieht man sofort auf der Verteilungsmatrix, was da der bessere Deal ist. Jedenfalls würde sich kein Fondsmanager ein vergleichbares Angebot entgehen lassen. Nicht eine Sekunde bräuchte er zu zweifeln. Das ist BWL-Grundkurswissen!

Und dennoch. Irgendwie zieht das Angebot nicht. Nicht so. Nicht für mich. Als ob ich mich vor Ihm schämen müsste, derart pragmatisch zum Glauben gefunden zu haben! Als ob ich glaubte, solch ein reiner Nutzenglaube sei Ihm nicht gut genug!

Dabei glaube ich ja nicht mal an Seine Existenz. Jedenfalls nicht so.

Ein lächerliches Paradox ist das. Kann es selbst nicht verstehen. In anderen Situationen zögere ich doch auch nicht. Kann ich mir gar nicht leisten. Immer wieder bin ich gezwungen, eine Entscheidung zu treffen, ohne dass ich für meine Wahl nachvollziehbare Gründe oder gar rechtfertigbares Faktenwissen anführen könnte!

Da vorn, in fünfzig Metern, ist es mal wieder so weit. Links nach Stutensee, rechts nach Hagsfeld. Diese Schilder sagen mir gar nichts. Aber eine von beiden Richtungen wird mich meinem Ziel näher bringen, die andere ins Nichts führen. Hagsfeld oder Stutensee. Soziale Ächtung oder gekonnt cooles Eintrudeln, das ist hier die Frage. Entweder – oder.

Sollte ich im Ergebnis richtig gewählt haben, wird es nichts als blinder Glaube gewesen sein, der mich zum rettenden Ziel führte, nichts als meine Bereitschaft, mich auch ohne vernünftige Gründe auf eine Richtung festzulegen. So eine Entscheidung ist weder rational noch irrational – sie steht einfach an! Und ich werde sie gleich fällen! Geht ja gar nicht anders. Hier wage ich ihn doch auch, den blinden Sprung in den Glauben. Weshalb nicht bei der anderen Wahl? Die lässt sich für mich genauso wenig vermeiden – außerdem hätte ich da sogar noch ein rationales Kalkül aufzubieten, das meine Entscheidung rechtfertigte.

Es ist wirklich nicht zu begreifen. Irgendeinen Anhaltspunkt muss es doch geben. Konzentrier dich. Denk selber nach!

Auf der Einladungsrückseite war eine Ortsskizze mit Zielkreuz. Die Kapelle lag am anderen Ende des Dorfes, von der B5 aus gesehen, soweit ich mich erinnere. Das hieße also eher im Norden. Der Sonnengott steht um diese Zeit noch im Osten, direkt vor mir. Dann wäre Norden also … links von mir.

Das hieße Stutensee. Hoffentlich stimmt's. Am Stand der Sonne gibt es jedenfalls nichts zu zweifeln. Und wo links von mir ist, ist schon gar keine Frage. Das weiß man als Mensch einfach. Zu jedem Zeitpunkt weiß ich das, egal, wo ich gerade bin, ob die Sonne am Himmel steht oder nicht, ob meine Augen geöffnet sind oder geschlossen. Noch im dunkelsten Kämmerlein weiß ich, wo links und rechts von mir ist.

Dieses Gefühl verlässt einen schließlich nicht. Wäre ja auch noch schöner. Ich meine, wenn ich dieses Gefühl, diesen elementaren Orientierungssinn nicht hätte – weder die Sonne noch irgendein Plan oder eine Karte könnten mir jetzt Orientierung bieten, kein Satellitenleitsystem könnte mir je den Weg weisen und auch kein Einheimischer erklären, wohin ich abbiegen soll. Ohne dieses ganz subjektive

Gefühl für mich, meinen Leib und meinen Platz im Raum der Dinge, wäre ich tatsächlich vollkommen verloren. Also Stutensee, oder?

Sollten sie mich später bedrängen, wie um alles in der Welt ich nur nach links abbiegen konnte, kann ich wenigstens eine Geschichte erzählen, auf die Sonne verweisen, auf meine Erinnerung an die Einladung, und wenn es sein muss, sogar auf mein ganz basales Orientierungsgefühl. Und sollte mich nachher, nach der Zeremonie, vor der Kapelle jemand fragen, wic ich diesem Gefühl nur so unbedingt vertrauen konnte – irgend so ein Klugscheißer mit GPS im Mercedes, der schon eine halbe Stunde vorher da war, um noch gemütlich einen Cappuccino zu trinken –, wenn mich so einer fragt, ob es nicht vielleicht klüger gewesen wäre, mich in meinem Entscheidungsprozess nur *an objektive Fakten* zu halten, ob es nicht zumindest angebracht gewesen wäre, dieses *Gefühl* durch objektive Fakten zu überprüfen, schließlich war es doch *nur* ein ganz *subjektives* Gefühl und nicht mehr … was sage ich dem dann?

Wie rechtfertigte ich meinen Glauben, diese Seite – da, dort, wo die Kupplung ist und die Hand mit dem rechten Daumen – sei nun mal meine linke? Gar nicht. Suchte ich nach Gründen, mich auf dieses Gefühl zu verlassen, sie würden mir schnell ausgehen. Ich habe jetzt keine *Gründe*, diesem Gefühl zu folgen. Ich tue es einfach. Das Gefühl spricht für sich. Dieses Gefühl kommt mir im Moment weder vernünftig noch unvernünftig vor – es ist einfach da. Und ich wüsste wirklich nicht, was ich ohne es anstellen sollte. Müsste ich nach objektiven Tatsachen suchen, die mir bestätigten, dass diese Seite tatsächlich meine linke ist, ich wäre ganz schön aufgeschmissen.

Und andersherum: Was für eine objektive Tatsache

könnte mich jemals davon überzeugen, dass diese Seite da – die meines linken Auges, die meiner linken Hand, die, nach der ich meinen Kopf nach links drehe – in Wahrheit meine rechte Seite ist?

Und selbst wenn es solch ein Faktum gäbe, das mich dieses sicheren Gefühls beraubte (woran ich nicht glaube), käme mein Zustand dann nicht einem totalen Orientierungsverlust gleich? Worauf um alles in der Welt sollte ich mich denn jemals wieder verlassen können, wenn nicht auf meine *gefühlte Gewissheit*, wo links von mir ist und wo rechts – auf ein Gefühl, das mit objektiven Fakten und mit Argumenten, soweit ich es selbst begreife, so gut wie nichts zu tun hat?

Schließlich ist es ja nicht so, dass ich mich deshalb bisher in meinem Leben nur wirr im Kreis gedreht hätte, an jeder Kreuzung verzweifelt wäre und die meisten Ziele, an die ich wirklich gelangen wollte, verfehlt hätte. Natürlich habe ich mich schon oft verfahren, verlaufen, auch verrannt. Aber das lag nicht an diesem Gefühl. Im Gegenteil, dieses Gefühl war das Einzige, auf das ich mich in solchen Situationen überhaupt noch unbedingt verlassen wollte.

Solch ein Gefühl könnte es sein, wahrhaft an Ihn zu glauben, denke ich manchmal. Und jeder, der nach guten Gründen, nach Fakten oder am Ende sogar nach so etwas wie einem Beweis für die Triftigkeit dieses Glaubens fragte, würde damit nur zeigen, dass er diese Gewissheit selbst nicht hat, nicht spürt.

So wie ich diese Gewissheit in Glaubensdingen nicht spüre und nicht einmal weiß, was für eine Erfahrung es sein könnte, die solch ein Gefühl in mir hervorzubringen vermag. Allerdings wüsste ich auch nicht, inwieweit mir dieses Gefühl im Moment wirklich weiterhelfen könnte.

Die Frage, inwiefern es verzeihbar ist, die Taufe seines eigenen Patenkindes zu verpassen, scheint mir durchaus kein moraltheologisches Problem zu sein. So etwas gehört sich einfach nicht, in keiner denkbaren Glaubenskultur. Dafür würde man überall auf der Welt geächtet! Und zwar völlig zu Recht.

Immerhin. Ich suche nicht allein. Da vorn steht noch ein Auto und sucht seinen Weg. Kommt aus Richtung Hagsfeld. Britisches Kennzeichen. Roter Rover. Jetzt fahren sie weiter geradeaus. Das dürften Jonathan und Christiane gewesen sein. Habe schon viel von denen gehört. Die Beifahrerin hielt einen Zettel in der Hand. Die Einladung vermutlich. Also nichts wie hinterher! Stutensee, wir kommen!

Ist ja auch eine Möglichkeit, ans gewünschte Ziel zu gelangen. Nichts selber denken. Nichts selber fühlen. Nichts für sich abwägen. Sich einfach an Menschen hängen, die einen Plan haben. Hoffentlich hält sie ihn auch richtig herum. So verkehrt, wie die im Auto sitzen, traue ich denen alles zu.

WAS PHILOSOPHEN DARÜBER DENKEN

Der Versuch, die Existenz Gottes zu *beweisen*, ist seit 200 Jahren entweder ein Zeichen philosophischer Unbildung oder schlicht des schlechten intellektuellen Geschmacks. Wie anerkannt hoffnungslos die Lage ist, lässt sich nicht zuletzt daran ermessen, dass sich heute nicht einmal mehr die Theologie an Gottesbeweisen versucht. Diese Konstellation macht das Phänomen des religiösen Glaubens – in unserem Kulturkreis der Glaube an einen allgütigen, allmächtigen und allwissenden Schöpfergott – philosophisch natürlich noch interessanter: Gibt es vor dem Hintergrund der Tatsache, dass sich Gottes Existenz nicht beweisen lässt, dennoch *vernünftige Gründe*, von Seiner Existenz auszugehen, an Ihn zu glauben?

Einflussreiche religionsphilosophische Überlegungen, die von dieser Frage ausgehen, finden sich zum Beispiel in Blaise Pascals *Gedanken über Religion und einige andere Themen* (orig. 1699, Stuttgart 1997), in Immanuel Kants »Was heißt, sich im Denken orientieren« (1786), in William James' Essay »The Will to Believe« (1897).

Eine analytisch motivierte und sehr lesbare Kritik zahlreicher philosophischer Gottesbeweise legte John M. Mackie in seinem Buch *Das Wunder des Theismus* (Stuttgart 1985) vor.

Unsterblich in fünfzehn Minuten

Dieser Text könnte Ihr Selbstbild grundsätzlich verändern. Wenn Ihnen eine solche Veränderung derzeit nicht wünschenswert erscheint, sollten Sie die Lektüre bereits an dieser Stelle beenden. Andernfalls wird Sie dieser Text in weniger als fünfzehn Minuten davon überzeugen, dass Sie ein Zeichen sind – und zwar ein unsterbliches Zeichen.

Das ist nicht als Scherz gemeint. Es würde mir nicht einfallen, mit Ihrer Unsterblichkeit philosophischen Schabernack zu treiben, dafür ist die Aussicht, irgendwann nicht mehr zu sein, viel zu ernst, vor allem aber viel zu konkret.

Die Behauptung, dieser Text werde binnen fünfzehn Minuten Ihr Selbstbild wandeln und Sie von Ihrer Unsterblichkeit überzeugen, kann deshalb nur als geschmacklose Anmaßung erscheinen.

Am besten, ich fange einfach noch einmal an:

Dieser Text will nicht viel. Wenn Sie ihn lesen, könnte es sein, dass Ihre Aufmerksamkeit auf einige Aspekte Ihrer Existenz gelenkt wird, die Ihnen bisher entgangen sind. Wäre dem so, könnte dies bewirken, dass Sie sich in Zukunft ein wenig anders beschreiben und begreifen, nämlich als ein unsterbliches Zeichen.

Nichts zu machen. Die Anmaßung bleibt. Möglicherweise beruhigt es Sie, bereits einleitend zu erfahren, dass die Unsterblichkeit, die sich aus der Lektüre dieses Textes ergibt, eine ganz andere ist, als sie von den meisten Menschen erhofft wird.

Wenn in unserer Kultur von Unsterblichkeit gesprochen

wird, so ist damit in erster Linie die Seele gemeint. Der irdische, materielle Körper aus Fleisch und Blut wird verrotten, die Seele aber besteht aus geistiger Substanz und mag ewig fortbestehen.

Dieser Dualismus zwischen Geist und Körper wird philosophisch gern mit dem Philosophen René Descartes verknüpft. Die Sphäre des Geistes und die Sphäre des Körpers sind nach dieser Interpretation Descartes' vollständig voneinander geschieden. Da die Seele der Sitz aller geistigen Fähigkeiten ist, insbesondere des Denkens, muss das Ende aller Körperfunktionen durchaus nicht das Ende der individuellen geistigen Aktivität bedeuten. Descartes' Anregung zur Frage der Unsterblichkeit der Seele ist eng mit seinem berühmten philosophischen Zweifelsexperiment verbunden.

Auf den ernsten Zweifel, ob er überhaupt existiert und welche Erkenntnis für einen Menschen als gewiss angenommen werden kann, fand Descartes sein Nachdenken über ebendiese Frage als befreiende Antwort. Solange er dachte und zweifelte, gab es schließlich jemanden, der dachte: nämlich ihn. Und damit war für Descartes auch die Antwort gegeben, worin das eigentliche Fundament und Wesen der menschlichen Existenz bestand: im Denken.

> Das Denken ist's. Es allein kann von mir nicht getrennt werden. Ich bin, ich existiere, das ist gewiss. Wie lange aber? Nun, solange ich denke.
>
> (Meditatio II, 6)

Ganz egal, welche Ansichten Sie sonst über Wesen, Fortdauer und Bestimmung Ihrer eigenen Existenz haben mögen, solange Sie denken, sind Sie.

So viel ist sicher. Sollten Sie daran zweifeln, steht es Ihnen zu jedem Zeitpunkt Ihrer Existenz frei, sich Ihrer eigenen Denktätigkeit zu vergewissern. Sie müssen sich nur ein wenig beim Denken beobachten. Jeder Mensch kann das. Jeder Mensch hat, mit anderen Worten, ein Bewusstsein von seinem Bewusstsein.

Wenn Sie diesen Text kurz zur Seite legen und mit der Beobachtung dessen beginnen, was in Ihrem Geist vorgeht, sind Gedankenketten vermutlich nicht das Einzige, dessen Sie sich bewusst werden. Neben Gedanken werden auch bestimmte Gefühle, Stimmungen und Wahrnehmungen bei Ihrer inneren Betrachtung hervortreten. Experimentieren Sie ein wenig mit sich! Eines wird Ihnen dabei zweifellos auffallen: Sobald Sie auch nur einen bewussten Schritt über das leere Starren hinausgehen, um sich darüber klar zu werden, was in Ihnen vorgeht, werden Sie dabei Zeichen verwenden. Sprachliche Zeichen. Worte. Es geht nicht anders. Ganz egal, was Ihnen bewusst wird, es wird Ihnen vermittels sprachlicher Zeichen bewusst.

Weder Sie noch sonst irgendein Sterblicher hat das Vermögen, ohne Zeichen zu denken. Und die Tätigkeit des »Denkens« lässt sich hier sehr weit verstehen, etwa in dem Sinn, dass Sie keine Möglichkeit haben, sich auf Ihre Erfahrungen zu beziehen, ohne dabei von Worten oder anderen Zeichen Gebrauch zu machen.

Wenn Descartes Recht hat und Sie sind, solange Sie denken (was Sie nicht ernsthaft bezweifeln können!), sofern aber Denken notwendig bedeutet, in Zeichen zu denken, dann führt Ihre Selbstvergewisserung der inneren Betrachtung zu der jederzeit überprüfbaren Erfahrungstatsache:

Die Worte sind's, sie allein können von mir nicht getrennt werden.

Oder, um es mit dem großen Zeichentheoretiker und Philosophen Charles Sanders Peirce zu sagen: »Es gibt kein Element des menschlichen Bewusstseins, dem nicht etwas im Wort entspricht. Das Wort, das der Mensch gebraucht, ist der Mensch selbst.«

Solange Sie sind, sind Sie damit die Zeichen, die Sie gebrauchen, und damit zu jedem einzelnen Zeitpunkt Ihrer Existenz – ein Zeichen.

Ich kann Sie nur noch einmal ausdrücklich zur Selbstüberprüfung dieser Einsicht einladen – immerhin geht es um Sie und Ihre Unsterblichkeit.

Bei genauerer Eigenbeobachtung wird Ihnen auffallen, dass sich die Zeichen, die Sie sind, in ständigem Fluss befinden. Ein Wort folgt, solange Sie denken, ans andere. Zu keinem Moment Ihrer bewussten Existenz werden Sie einen Gedanken finden können, auf den nicht ein weiterer Gedanke folgt. Ihr Denken gleicht einem fortlaufenden Gespräch. Wenn Sie die Rede vom Gesprächscharakter Ihres Denkens wörtlich nehmen, ruft, wie in einem öffentlich geführten Gespräch auch, jeder Beitrag eine Erwiderung hervor. Ein Wort gibt das andere.

Dieser innere Dialog mag für Sie nicht immer interessant und angenehm sein, er mag durchaus nicht immer konzentriert geführt werden, und gewiss kommt es häufig vor, dass er scheinbar bezugslos von einem Thema zum anderen wechselt, aber eines bleibt bei alldem gewiss: Solange Sie sind, wird auf jedes Zeichen ein weiteres Zeichen folgen.

Die Zeichen, die Sie sind und Ihr Denken prägen, sind selbstverständlich nicht Ihre Erfindung. Sie stammen nicht von Ihnen und sind auch nicht Ihr Besitz, sondern stellen als bedeutungsvolle Zeichen das Allgemeingut Ihrer Sprachgemeinschaft dar. Sie haben die Zeichen, die Sie sind, von den Mitgliedern dieser Gemeinschaft empfangen und zu verwenden gelernt. Diese Worte haben Sie als denkendes Wesen buchstäblich ins Leben gerufen.

Einerseits stimmt es zwar, dass Worte nur innerhalb einer menschlichen Gemeinschaft Bedeutung haben und also nur das sind, was der Mensch sie sein lässt, andererseits können sich die Worte, zu jedem Zeitpunkt, aber auch an jeden Einzelnen von uns wenden und sagen: Ohne uns kannst du nicht denken. Du meinst nur, was wir dir beigebracht haben.

Denken Sie nur an sich! Es sind Worte, die Ihr Denken prägen, Worte, die Ihnen Selbstkontrolle und Selbsteinsicht ermöglichen. Die Art und Weise, wie Sie mit den Zeichen, die Sie sind, umgehen, prägt und bestimmt ganz allgemein, wer Sie sind und worin Sie sich – als denkendes Wesen – von anderen Menschen unterscheiden.

Schön und gut, werden Sie sagen, ich sehe es ein, ich bin als denkendes Wesen ein Zeichenstrom, ein innerer Monolog, aber was um alles in der Welt hat das mit meiner angeblichen Unsterblichkeit zu tun. Schließlich gibt es, was immer Descartes und andere Dualisten vor einigen Hundert Jahren gedacht und behauptet haben, sehr wohl eine enge Beziehung zwischen meinem Körper und meinem Geist, zwischen meinen rein organischen Funktionen und meinem Bewusstsein. Ohne ausreichend Sauerstoff im Gehirn kommt mein Denken zum Erliegen, und das ist spätestens der Zeitpunkt, an dem in meiner inneren Betrachtung kein weiteres Zeichen im Gedankenstrom folgt. Der Tod. Mein Tod.

Ihre innere Betrachtung mag endlich, mag notwendig an Ihren lebendigen Leib gebunden sein, aber was die Zeichen Ihres Gedankenstroms zu Ihren Zeichen macht, ist ja nicht die Tatsache, dass dieser Zeichenstrom zum größten Teil in Ihrem Inneren, sozusagen in den Privatgemächern Ihres Denkens fließt. Die Zeichen sind ohnehin Allgemeingut und waren es von Anfang an.

Was diesen Zeichenstrom zu Ihrem Zeichenstrom macht und als solchen kennzeichnet, ist vielmehr die Art und Weise, wie sich in ihm Zeichen an Zeichen zu fügen pflegt (was natürlich auch davon abhängt, aus welchen Zeichen er besteht). Und diese Art und Weise ist bei jedem Menschen eigentümlich – sie ist die Individualität seines geistigen Wesens, seiner Seele.

Ein Wort für diese Eigenheit ist Stil. Ein anderes Charakter. Und diese Eigenheit – das sagt Ihnen jeder Sprachwissenschaftler, jeder Psychologe und jeder Kriminalist – zeigt sich in fast jedem Zeichen, das Sie ans nächste gesetzt haben, setzen und setzen werden.

Wenn es stimmt, dass Sie, zu jedem Zeitpunkt, zu dem Sie sind, ein Zeichen sind (und das können Sie nicht bezweifeln!), lässt sich das, was *Ihre* Existenz eigentlich ausmacht, recht problemlos von Ihrer Gehirnaktivität und dem Fortbestehen Ihres Körpers trennen.

Alles, worauf es bei Ihrer Unsterblichkeit ankommt, ist das Fortbestehen von Materialien, die als Träger Ihrer Gedanken dienen.

Die medialen Möglichkeiten der Verewigung sind hier sehr weit gefächert. Und solange und sofern diese Zeichen von anderen denkenden Wesen als bedeutungsvolle Zeichen aufgenommen und damit in deren Zeichenstrom integriert werden, wird sich weiterhin jedes Ihrer Zeichen an ein weiteres Zeichen fügen und dieses Folgezeichen in gewisser Weise hervorrufen und beeinflussen. Ihre Eigenheit wird, in mehr oder minder ausgeprägter Weise, eine Fortsetzung finden. Ihr Wort wird ein nächstes hervorbringen, erziehen, prägen oder doch zumindest anregen.

Ihre Unsterblichkeit hängt folglich davon ab, dass Sie Ihre Zeichen und damit Ihre Eigenheiten weitergeben, dass sich Ihr Stil im Denken und Handeln, Ihre Art und Weise, »Zeichen zu setzen«, im Denken anderer Menschen fortsetzt und weitere Anschlüsse erzeugt.

Solch eine Weitergabe erfolgt im Grunde in jeder Situation, in der Sie Ihre Welt mit anderen Menschen teilen und geteilt haben. Sie geben, ob es Ihnen passt oder nicht, in jeder Situation etwas von Ihrer Eigenart preis und auch etwas von Ihrer Eigenart mit. Sie beeinflussen und verändern, mit jeder Ihrer Mitteilungen und Äußerungen, den Zeichenstrom anderer denkender Wesen und damit letztlich ebenjenen Strom, der jedes denkende Wesen nach Ihnen ins Leben rufen wird. Und das Gesetz, dass auf jedes Zeichen ein anderes folgt, kennt keine Ausnahme. Es sei denn, alles Denken geriete überhaupt ans Ende.

Diese Unsterblichkeit ist zugegeben eine andere, als sie von den meisten Menschen erhofft wird. Die Herrlichkeiten des Empfindens und Wahrnehmens kommen in ihr nicht mehr vor, vor allem aber könnte sie als eine sehr kleine, fast unbedeutende Unsterblichkeit wirken. Eine Unsterblichkeit, in der die eigenen Zeichen gleichsam wie Tropfen in den Ozean der menschlichen Rede eingehen, mag auf den ersten Blick wenig tröstlich, ja kaum der Rede wert erscheinen.

Immerhin ist diese Unsterblichkeit nicht anmaßend und lässt sich – selbst in 15 Minuten – auf konkrete Erfahrungen stützen. Außerdem hängt die Frage, wie groß der Einfluss Ihrer Unsterblichkeit auf den Strom der Zeichen sein wird, letztlich davon ab, was für ein Zeichen Sie sind, insbesondere davon, ob Sie in Ihrem Zeichenhandeln Arten und Weisen verkörpern, die es auch anderen denkenden Zeichen ermöglichen, sich zukünftig in ein gutes Leben zu rufen. Peirce, der Philosoph der Zeichen, sagt das so:

> Jeder Mensch hat seinen besonderen Charakter ... Er ist die Philosophie dieses Menschen, seine Methode, die Dinge zu betrachten. Nicht einfach eine Philosophie des Kopfes, sondern eine Philosophie, die sein ganzes Wesen durchdringt. Diese Eigentümlichkeit ist die Idee des Menschen, und wenn diese Idee wahr ist, so lebt er ewig.

Wenn Ihnen Ihre Unsterblichkeit wirklich philosophisch am Herzen liegt, haben Sie jetzt, nach diesen fünfzehn Minuten, noch ein ganzes Leben vor sich, solch ein wahres Zeichen zu werden.

Das hier angebotene Unsterblichkeitsverständnis richtete sich ja ausdrücklich nur an Zeichen, die ihre Wahrheit noch suchen wollen, also an philosophische Zeichen.

Alle anderen Leser waren gewiss selbstsicher genug, die Lektüre bereits nach dem zweiten Satz einzustellen. In diesem Sinne: Ihnen allen noch ein schönes, wahres und gutes Leben!

Die Frage nach der Unsterblichkeit zählte noch für Immanuel Kant zu den drei großen Menschenfragen. Heute beschäftigt sie zwar noch immer fast jeden Menschen, aber kaum noch einen zeitgenössischen Philosophierenden. Verschwunden ist also nicht das Bedürfnis, sondern eher die Aussicht, sich die Unsterblichkeit auf der Basis eines modernen Weltbildes vernünftig erklären zu können. Argumentative Schwierigkeiten bereitet dabei weniger die Idee einer Unsterblichkeit als vielmehr die Idee einer unsterblichen individuellen Seele.

So mag es auch der amerikanische Philosoph und Zeichentheoretiker Charles Sanders Peirce gesehen haben, als er sich im Jahr 1866 mit seiner Vorlesung »Was ist der Mensch?« an ein Laienpublikum wandte, um es von der Vorstellung einer semiotischen Unsterblichkeit zu überzeugen. Die Idee ist brillant, allein die massenhafte Überzeugung fehlt bis heute.

Wer Genaueres über Peirce, seine Philosophie und Zeichentheorie erfahren will, kann sich für den Rest eines glücklichen Lebens in dessen *Semiotischen Schriften* (Frankfurt a. M. 2000) versenken. Eine gute Einführung in die Philosophie von Peirce bietet Ludwig Nagls *Charles Sanders Peirce* (Frankfurt a. M. 1998).

Dank

Niemand kann ein Buch alleine schreiben. Für Ermunterung, Unterstützung und Beistand möchte ich an dieser Stelle von Herzen danken: Anita, Anssi, Arno, den Dicken, Emppu, Kaisa, Mummi, Olli, Göran, Lars, Sven O'Hara, Tante Wurst, Tarmo, Ukki, Viktor, Venla, den Herren Michael Hampe, Michael Gaeb und Ludger Ikas – sowie der unglaublichen Pia, ohne die nichts wäre.